Eugen Drewermann

# Wozu Religion?

# HERDER spektrum

## Band 5380

### Das Buch

Genetiker spielen Schöpfung. Das große Geld diktiert die Entwicklung in den Bio-Wissenschaften. Gleichzeitig zeigt unser Umgang mit der Natur katastrophale Folgen mit nahezu apokalyptischem Ausmaß. Sicher ist: Der wissenschaftliche Fortschritt lässt sich durch moralische Appelle allein nicht aufhalten. Zu fragen bleibt: Lässt sich heute überhaupt noch von Schöpfung, von Sinn und von Seele sprechen? Ist das traditionelle Gottes- und Menschenbild nicht radikal in Frage gestellt – und letztlich auch jede Religion?

Eugen Drewermann – wie kein anderer Theologe mit den modernen Naturwissenschaften vertraut und durch zahlreiche Werke dazu ausgewiesen – konzentriert sich hier auf die zentralen Fragen. Und er bezieht in dem Gespräch mit dem Journalisten Jürgen Hoeren unmissverständlich Position. Seine Überzeugung: Wir brauchen Religion dringender denn je. Seine Thesen sind provokativ und setzen hinter unseren Lebensstil und hinter unser Denkgebäude nachdenkliche Fragezeichen. Und doch lässt er keinen Zweifel: Religion ist im Zeitalter der Naturwissenschaften unverzichtbar. Die Naturwissenschaften können die Frage nach dem Sinn des Lebens nicht lösen. Der Mann aus Nazareth bleibt eine unverzichtbare Gestalt der Orientierung für Glaube, Hoffnung, Liebe. Religion ist keine Datei festen Wissens, sondern ein existentieller Weg, wie Jesus ihn fordert. Drewermanns Thesen klingen provokativ. Doch was er zu sagen hat, berührt, was viele Menschen heute denken und fühlen.

### Der Autor

Eugen Drewermann, Theologe und Therapeut, Publizist. Zahlreiche Bücher, in denen er sich mit dem Verhältnis von modernen Naturwissenschaften, Anthropologie und Theologie auseinandersetzt. Bei Herder Spektrum u. a. Zeiten der Liebe; Krieg ist Krankheit, keine Lösung; Taten der Liebe; Liebe, Leiden und Unsterblichkeit – H.C. Andersens Märchen von der Kleinen Meerjungfrau; Zuletzt: Wenn die Sterne Götter wären. Er lebt in Paderborn.

### Der Herausgeber

Jürgen Hoeren MA , Ressortleiter Kulturelles Wort/Aktuelle Kultur beim SWR2, Baden-Baden. Bei Herder Spektrum u. a. (zusammen mit K. Böhler) Afrika, Mythos und Zukunft.

# Eugen Drewermann

# Wozu Religion?

## Sinnfindung in Zeiten der Gier nach Macht und Geld

Im Gespräch mit Jürgen Hoeren

HERDER

FREIBURG · BASEL · WIEN

Titel der Originalausgabe: Wozu Religion? Sinnfindung in Zeiten
der Gier nach Macht und Geld. Im Gespräch mit Jürgen Hoeren
© Verlag Herder GmbH, Freiburg im Breisgau 2001
ISBN 978-3-451-27189-2

7. Auflage 2010

© Verlag Herder GmbH, Freiburg im Breisgau 2003
Alle Rechte vorbehalten
www.herder.de

Umschlagkonzeption und -gestaltung:
R·M·E Roland Eschlbeck / Liana Tuchel
Umschlagmotiv: © Hans Gsellmann

Herstellung: fgb · freiburger graphische betriebe
www.fgb.de

Gedruckt auf umweltfreundlichem, chlorfrei gebleichtem Papier
Printed in Germany

ISBN 978-3-05380-1

# Inhalt

# Vom Umgang der Menschen mit den Tieren

*Die Klimakonferenzen in Johannesburg und in New Delhi – das sind zwei Ereignisse der letzten Jahre, die die globale Situation unserer Umwelt in den Blick genommen haben. Eine entscheidende Wende im Umgang mit der Natur haben sie nicht eingeleitet. Im Gegenteil – die Umweltkatastrophen nehmen zu. Ist der Mensch, ist die Menschheit letztlich immer noch unkritisch und blind der biblischen Aussage verfallen „Mache dir die Erde untertan"?*

Den biblischen Satz aus dem ersten Buch Moses, erstes Kapitel, Vers 28 haben wir in der so genannten christlich-abendländischen Kulturtradition womöglich als einziges der Gebote Gottes in der Bibel konsequent beim Wort genommen. Wir werden auf den Anthropozentrismus und die ökologischen Folgen, die sich daraus ergeben, gewiss später noch ausführlich zu sprechen kommen müssen. Tatsache ist, dass die ökonomischen Interessen – spätestens seit dem Zusammenbruch des Sowjetimperiums mit der Freisetzung des westlichen Wirtschaftsmodells – in Gestalt einer kapitalistischen Umgangsform des Menschen mit der Natur absolut in den Vordergrund gerückt worden sind und im Rückblick zeigen, dass das jahrelange Gerede davon, dass eine starke Wirtschaft die Voraussetzung für eine gesunde Ökologie sei, nichts als Makulatur bestimmter Interessensverbände gewesen ist und sein sollte.

Insbesondere die Vereinigten Staaten von Amerika, das wirtschaftlich in gewisser Weise am weitesten entwickelte Land, sind der Hauptverursacher von 25 Prozent der Schadstoffemissionen, die seit langem von Wissenschaftlern für einen wichtigen Teilfaktor der Aufheizung der Atmosphäre betrachtet werden. Es ist in jeder Hinsicht ein Jammer, dass die letzte verbliebene Weltmacht, wie die USA sich gerne betrachten, eine absolut unilaterale, sprich national-egoistische Politik unter der jetzigen Bush-Administration zu treiben gewillt ist. Man denke nur, dass nach den äußerst fragwürdigen Wahlergebnissen am Ende in dem von Jef Bush regierten Florida 400 Stimmen genügten, um den eigentlich sehr umweltengagierten Al Gore aus der Präsidentschaft auszuschließen. Offensichtlich hängen wir inzwischen von kleinsten Schwankungen der Machtverteilung ab, die uns größte umweltschädliche Folgen zeitigen können. Es ist, wie wenn wir auf der Titanic säßen und eine Ruderbewegung von nur wenigen Grad uns in die Katastrophe oder knapp an der Katastrophe vorbei führen würde. Tatsächlich haben die USA Rio, Kyoto, Johannesburg – alles was international längst in Fragen des Klimaschutzes hätte verbindlich gemacht werden müssen – vom Tisch gefegt, im Wesentlichen, um ihren nationalen Erdölinteressen zu dienen, – kein Wunder bei einer Regierung, deren wichtigsten Mitglieder aus der Erdölbranche kommen und mit ihrem Privatvermögen zusammenaddiert in den Kreis der Milliardäre gehören. Offensichtlich gibt es kein gefräßigeres Ungeheuer als das Geld auf diesem Planeten. Man kann nicht eigentlich sagen, dass sich dabei der Mensch die Erde untertan mache, die Wahrheit ist, dass das Geld auch die Menschen frisst. Wir kreieren einen Moloch.

*Umweltschutzberichte weisen darauf hin: Täglich werden mehrere Tierarten ausgerottet, Wälder werden abgerodet, die Jahrhunderte brauchen, um wieder aufgeforstet werden zu können. Warum ist es für den Menschen so schwer zu begreifen, dass er für sein Überleben Tiere und Pflanzen, eben die gesamte Natur, braucht?*

Es sind nicht einfach die Berichte der Umweltschützer, es sind seit vielen Jahren erhärtete Rechnungen, die zu dem Ergebnis führen, dass wir jeden Tag (!) einhundertfünfzig Tier- und Pflanzenarten ausrotten, davon viele, die wir im Grunde überhaupt nicht kennen. Natürlich zerstören wir uns selber damit wichtigste Grundlagen unseres Lebens. Wir brauchen uns nur einmal vor Augen zu halten, dass unsere Nahrungsmittelproduktion im Umgang mit Pflanzen auf die Züchtung von nur etwa einem Dutzend Pflanzenarten basiert. Wir haben dafür seit dem Neolithikum, also seit etwa acht- bis zehntausend Jahren, fast den gesamten Zeitraum dessen, was wir Geschichte nennen, gebraucht. Wir sind jetzt im Stande, in achtzig bis einhundert Jahren den gesamten Reichtum der uns umgebenden Natur unwiederbringlich zu verwüsten, einzig mit der Illusion zurückgelassen, wir könnten in futuristischen Gen-Labors, in der Retorte, alles wieder nachbilden. Vor allem der große vernetzte Kreislauf des Zusammenlebens der Arten wird uns in keinem Gen-Labor zu erklären sein, und wir verstehen ihn absolut zu wenig, da wir immer noch an einem linearen Kausaldenken festhalten. Wir rechnen zwischen A und B, zwischen Ursache und Folge, und definieren die Folge als ein für unsere Zwecke günstigerweise anzustrebendes Ziel und schaffen dann unter dem Stichwort Ursachen die zur Erzeugung dieses Ziels nötigen Voraussetzungen. Womit wir nicht rechnen, ist die Rückwirkung der geschaffenen Folgezustände auf die Ursachen selber. Wir rechnen nicht mit der Vielfältigkeit der Querverbindungen, die das Konzert des Lebens überhaupt erst ermöglicht. Wollten wir etwa die Folgen eines wichtigen Eingriffes in ein lebendes Ökosystem, etwa den Bau einer Autobahn quer durch ein Naturschutzgebiet oder wie jetzt unter der Bush-Administration, die Freigabe von Naturschutzgebieten in Alaska für die Erdölbohrung oder die Durchquerung von Indianerreservaten für den Bau der Trassen von Erdölpipelines wirklich vor Augen haben, würden wir rasch begreifen, dass wir unglaublich viel mehr zerstören als wir uns in einer äußerst kurzsichtigen Logik als Gewinn ausrechen.

Hinzu kommt der äußerst wichtige Faktor Zeit. Die Natur hat uns mit einem Zeitgefühl ausgestattet, das noch vor wenigen Jahrhunderten den Rahmen der Verantwortung einigermaßen brauchbar definieren konnte. Unsere Erinnerung brauchte nur zurückzureichen bis zu den Großeltern, bestenfalls bis zu den Urgroßeltern, und um in die Zukunft zu schauen, brauchten wir allenfalls bis hin zu den Enkelkindern oder den Urenkelkindern. Kurz, unser Zeitgefühl ist eingegrenzt auf maximal einhundertzwanzig Jahre, dahinter hantieren wir eigentlich nur noch mit Zahlen, deren Inhalte wir uns immer weniger klar vorstellen können. Tatsächlich aber schaffen wir seit dem Anbruch des Maschinenzeitalters im 19. Jahrhundert immer wieder Folgen für die Natur, die auf viel längere Zeiträume hin ausgerichtet sind. Selbst die Maschinen, die man im 19. Jahrhundert baute, sollten eine Laufzeit von hundert Jahren haben und hatten sie wirklich. Aber was eine Eisenbahnstrecke oder eine Verkehrstrasse in der Prärie oder im brasilianischen Urwald anrichtet, indem sie ein Ökosystem wie mit dem Messer zerschneidet, ist eine ganz andere Frage.

In gewissem Sinne leben wir immer noch in unserem Denken und Fühlen in der Welt, aus der wir gekommen sind. Aber wir verhindern damit die Welt von morgen, indem wir blinde Augenblicksinteressen für absolute Ziele ausgeben. Vielleicht schon bald werden wir merken, wie viele Heilpflanzen wir derzeit in den Urwäldern der Südsee, Afrikas und Lateinamerikas vernichten. Wir sind arrogant genug zu glauben, dass wir den biologischen Teil der Evolution gewissermaßen hinter uns lassen könnten wie eine Weltraumrakete, die ihre Antriebsstufe als überflüssigen Ballast abstößt. Die Wahrheit ist, dass wir, so lange es Menschen gibt, an die Biosphäre und in die Biosphäre hinein gebunden sind und bleiben. Wir leben nicht nur von der Natur, wir sind ein Teil der Natur, und alles, was wir den Lebewesen an unserer Seite an Leid und Qual auferlegen, wird ganz sicher irgendwann auch uns erreichen, aber möglicherweise ist es dann für die Umkehr längst zu spät. Folgen von über 20 000 Jahren oder gar Hunderttausenden von Jahren sind uns eben nicht vorstellbar, aber selbst unsere eigene Spezies, die des homo sapiens, gibt es schon seit 150 000 Jahren. Wir sollten es nicht dahin bringen, sie in 150 Jahren zu beseitigen – eine Möglichkeit, die bei unserem derzeitigen Betragen für absolut realistisch gelten kann und muss.

*Die Folge von einem ungezügelten Umgang mit der Natur sind letztlich auch solche Katastrophen wie die Rinderseuche BSE, die zwar in den Medien von anderen Schlagzeilen verdrängt und überlagert worden ist, die aber noch längst nicht bewältigt ist. Was signalisiert uns eine Seuche wie BSE aus der Sicht eines Theologen?*

Schlimm ist in der Tat die Kurzzeitigkeit unseres Gedächtnisses, selbst im Umgang mit Tagesaktualitäten. In gewissem Sinne ist unser ganzes Nervensystem so organisiert, dass es auf die Wahrnehmung und möglicherweise Korrektur unliebsamer Ereignisse wie Störungen, Schmerzen oder dramatische Veränderungen am intensivsten antwortet. Das geht in Ordnung und hat über riesige Zeiträume hin im Kampf ums Überleben sich bewährt. Auf der anderen Seite sind es gerade die kleinen, kaum bemerkbaren, alltäglichen, langsamen Verschiebungen, die auf die Länge der Zeit hin sich zu den großen verändernden Faktoren im Lauf des Ganzen ausweiten, und für diese Vorgänge, die wir durch fast unsichtbare alltägliche Änderungen schaffen, haben wir anscheinend noch nicht das passende Sensorium gewonnen. Ärger noch ist die krankhafte Sucht der Medien, Augenblicksneugier und Sensationshunger der medienkonsumierenden Massen mit immer neuen Katastrophennachrichten befriedigen zu wollen. Nachdem die gesamte Informationsindustrie sich zu einem Markt ausgedehnt hat, auf dem Wahrheit zur Ware degeneriert ist, kommt es immer weniger auf die Information der Menschen an, als vielmehr auf Kaufanreize, die sich, wie bei einem Süchtigen, in immer neu sich überschlagenden Sensationen zu Tode laufen. Daran liegt es, dass selbst dramatische Ereignisse wie die Rinderseuche BSE für Wochen und Monate hin Aufregung und Aufmerksamkeit erzeugen können, aber dann schon wieder von der Welle der nächsten Katastrophennachricht überspült werden. Wir sind so hastig, kurzlebig und kurzsichtig geworden, dass wir uns weigern, wesentliche Konsequenzen aus wesentlichen Vorgängen zu ziehen. BSE war ein solcher wesentlicher Vorgang. Alles was wir sehen konnten, war die Tatsache, dass die Ernährung von Rindern, die bekanntlich vegetarisch leben, mit dem Futtermehl ihrer eigenen Artgenossen, als wenn sie Kannibalen wären, zu bovine spongiforme Enzephalopathie, also Rinderwahnsinn, eben zu BSE führen kann, einer Krankheit, die in Form der Creutzfeld-Jacob-Krankheit auch auf das menschliche Gehirn über die Nahrungskette übertragbar sein kann. Daraus sollte als Erstes hervorgehen, Tiere, die wir uns erlauben als Nahrungsreserven zu halten, artgerecht zu ernähren. Es wäre unsere absolute Bringschuld an die Tiere, dass sie, bevor wir sie zu unseren Zwecken zu töten gedenken, wenigstens eine Phase artgerechten Lebens durchlaufen können. Aber wieder sind es gewisse Marktvorteile, die aus Tierkadavern Nahrungsmittel für die Tiere gewinnen lassen, immer im Wahn, auf diese Weise billiger produzieren und wirtschaften zu können. BSE hat uns gezeigt, oder besser, da wir inzwischen längst in den alten Trott zurückgefallen sind, es hätte uns zeigen müssen, dass solche Art zu wirtschaften im Ganzen nicht billiger, sondern absolut gesehen viel teurer uns zu stehen kommt. Auch das aber ist offensichtlich unter dem Druck der Agrarindustrielobby zu lernen verboten, und die Bemühungen unserer Politiker, die für kurze Zeit das BSE-Thema zu einem Richtungswandel nutzen wollten, haben sich so gut wie ganz verlaufen. Tatsächlich haben wir denn auch inzwischen ein „Verbraucherschutzministerium" aus der Katastrophe BSE etabliert, viel dringlicher aber brauchten wir offenbar ein Tierschutzministerium gegenüber der schrankenlosen Geldgier bestimmter Großkapitaleigner.

Die theologische Frage, die Sie ansprechen, ergibt sich in meinen Augen vor allem moralisch. Freilich muss ich dabei hinzufügen, dass an dieser Stelle auch und insbesondere die Theologen entscheidend umlernen müssten und längst hätten umlernen sollen. Die bloße Möglichkeit der Übertragung von BSE auf den Menschen hat dazu geführt, dass in Großbritannien unter dem Druck der Gesundheitsministerien der EU über vier Millionen Tiere getötet und in einem wörtlich zu nehmenden Holocaust, in einer Ganzkörperverbrennung unschuldiger Opfer, für einen grässlichen blutbeschmierten Götzen, dem Kapital, hingerichtet wurden. Es war eine Vernichtungsaktion in beispielloser Erbarmungslosigkeit. Wir aber glauben uns nicht nur berechtigt sondern geradewegs verpflichtet so vorzugehen, geht es uns doch um den Schutz von Menschen vor möglichen Gefahren. Entsprechend unserer Ethik haben Tiere keinen eigenen Rechte, sondern unsere Ethik –, wir berühren damit das Thema der „christlichen Anthropozentrik" zum ersten Mal – ist so ausgelegt, dass unter dem Stichwort der Verantwortung alles als richtig und nötig erscheint, was der Förderung der Selbsterhaltungsinteressen der menschlichen Spezies gegenüber dem Rest der Welt dienlich scheint. Für verboten und moralisch bedenklich gilt, was eben diesen Interessen unmittelbar zuwider ist; – dass unser Umgang mit Geld letztlich auch selbstmörderisch sein könnte, ist offenbar immer noch nicht in den Blickkreis dieser „Ethik" getreten. Es wartet alles darauf, dass wir eine Ethik konzipieren, die von dem Artegoismus menschlicher Selbstreflexion loskommt und die nötigen Folgerungen aus dem veränderten Wissen der Biologie und Ökologie zu ziehen imstande ist. BSE hätte als warnendes Paradigma taugen können, unser gesamtes Denken über uns selbst und die

uns tragende Welt zu verändern, aber dahin ist es nicht gekommen.

*Eine Gesellschaft, die den Holocaust an Menschen noch nicht
verarbeitet hat, betreibt nun die Massenschlachtung von Tieren.
Ist es legitim, hier eine Verbindung herzustellen? Sehen Sie da einen Zusammenhang?*

▨ Ich sehe unmittelbare Zusammenhänge. Leo Tolstoi bereits hat einmal gesagt: „Solange es Schlachthöfe gibt, solange wird es auch Schlachtfelder geben." Er meinte: Wenn
Menschen ihr Mitleid gegenüber der Qual, die sie bei Tieren anrichten, einfach wegblenden können, dann werden
sie so weit gefühlsroh und abgestumpft sein, dass sie auch
kein Mitleid mehr haben, wenn sie leidenden Menschen begegnen. Es ist dieselbe Logik, mit der wir unser Erbe aus der
Tierreihe, unsere Gefühle, z. B. Gefühle des Mitleids, nie-
derhalten und mit der wir dann auch unempfindlich nach
außen treten und skrupellos werden im Konkurrenzkampf
gegeneinander. Die Tiere sind heute Teil eines Marktes geworden, den man industriell ausbeutet und dementsprechend kapitalistisch verwaltet. Jeder Bauer wird in diesem
System betriebswirtschaftlich zum Konkurrenten des Nach-
barbauern. Jede nationale Wirtschaft agiert als Konkurren-
tin der Wirtschaft im Nachbarstaat. Die Opfer dabei sind die
Tiere. Denn man muss jetzt effizient mit ihnen umgehen,
d. h. möglichst billig möglichst viel aus ihnen herauspum-
pen. Wir verhalten uns so, als hätten wir es mit dem Abbau
von Steinkohle oder von Kreide oder von Erdöl, mit fossilen
Lagerstätten des Lebens, zu tun. Tiere aber sind lebendige

Wesen. Mit ihnen kann man nicht umgehen wie mit totem Material.

Wir bilden uns ein, dass wir mit den Tieren probeweise Dinge machen könnten, die uns Menschen dann erspart blieben. Es herrschte zum Beispiel absolut keine Aufregung in den etablierten Kreisen von Gesellschaft, Kirche und Politik, als man heranging, das Schaf „Dolly" zu klonen. Jetzt zeigt sich: Mit denselben Techniken kann man natürlich auch menschliches Erbgut behandeln. Und plötzlich ist die Empörung riesig, weil es uns Menschen erreicht. Der Protest muss früher, nämlich an der Frage ansetzen, ob man das, was hier gemacht wurde und gemacht wird, mit Tieren machen darf.

*Der Philosoph Martin Heidegger hat einmal gesagt, das Tier ist dem Menschen am nächsten, aber auch vom Menschen abgrundtief verschieden.*

■ Die Feststellung der Nähe ist ohne Zweifel zutreffend. Das Tier ist dem Menschen sogar außerordentlich nahe. Ein simples Beispiel: Vom heutigen Schimpansen, dessen Vorfahre sich vor ungefähr sechs Millionen Jahren erst von dem Vorfahren des Homo Sapiens getrennt hat, unterscheiden uns weniger als zwei Prozent des Genoms. Das heißt, wir sind mit den Schimpansen, rein biologisch gesprochen, Mitglieder derselben Familie. Die Schimpansen sind, korrekt gesagt und naturwissenschaftlich ausgedrückt, unsere Vettern. Mit Lebewesen, die uns so nahe stehen, haben wir doch keinerlei Recht zu machen, was wir wollen!

Was in den Köpfen der Schimpansen noch nicht existiert, ist der entwickelte Neocortex mit all den Möglichkeiten die –

vor allem durch die Entdeckung und Erweiterung des Sprachvermögens –, uns Menschen ganz deutlich vom Tier unterscheiden. Dennoch sind die Unterschiede nicht so groß, wie wir uns einbilden. Der Göttinger Biologe Volker Sommer hat vor kurzem noch gesagt, die Differenz zwischen einem Pavian, der nach einer Wurzel gräbt, und einem Schimpansen, der auf einer amboss-ähnlichen Unterlage mit einem hammer-ähnlichen Gerät eine Nuss knackt, sei größer als der zwischen diesem Schimpansen und einem Homo Sapiens Sapiens vor dem Computer. Er wollte sagen: Wenn erst einmal in den Köpfen von Lebewesen das Prinzip des Kausalsatzes gefunden wurde, entsteht eine ganz eigene Evolution. Und die hat nicht erst mit uns begonnen, sondern längst vor uns und vor den Schimpansen.

*Besteht denn, wenn man die christliche Botschaft ernst nimmt, ein generelles Tötungsverbot für Tiere? Die christliche Theologie hat doch eher behauptet, Tiere fielen nicht unter das Tötungsverbot, denn das Tier, so lange Zeit die christliche Theologie, habe keine Seele.*

▪ Das Furchtbare ist gleich zweierlei. Man hat im sogenannten christlichen Abendland das Tötungsverbot so wenig als Tötungsverbot aufgefasst wie bereits im gesamten Alten Testament. „Nicht töten", das bedeutete, den eigenen Stammesangehörigen nicht außerhalb der unter das Gesetz fallenden Regelungen das Leben zu nehmen. Dass im Krieg getötet wird, dass die Todesstrafe verhängt wird, war im Alten Testament offensichtlich niemals ein Problem. Von Tieren ist da gar keine Rede. Hinzu kommt das nächste: Wir haben uns, im sogenannten christlichen Abendland, philosophiegeschichtlich erlaubt, z. B. in der Philosophie des Descartes, Anfang des 17. Jahrhunderts, das Tier als einen seelenlosen Reflexautomaten zu beschreiben, mit dem wir dann natürlich experimentieren und machen können, was wir wollen. Es handelt sich hier um zwei ausgeprägte Irrtümer.

Zum einen: Tiere haben eine Seele. Wenn das nicht so wäre, dann hätten wir Menschen auch keine. Wir sind ja aus der Reihe der Tierentwicklung selber hervorgegangen – mit allen unseren Möglichkeiten und Gefährdungen. Der einzige Unterschied: dass wir darüber nachdenken, Rechenschaft geben, Planungen anstellen und Verantwortung tragen können.

Das andere: Wir müssten im sogenannten christlichen Abendland unbedingt von einer Ethik lernen, wie sie in Ostasien im Buddhismus und Hinduismus besteht. Das Sanskrit-Wort „Ahimsa" umfasst sehr viel mehr als „Du sollst nicht töten". Es bedeutet: Wende keine Gewalt an. Dieses Prinzip des Nichtverletzens, so das „Ahimsa", umschließt das Verbot jeglicher Schädigung eines anderen Wesens, gleich in welcher Form, seelisch oder physisch. Wenn das die Grundlage unseres Tuns wäre, müssten wir Skrupel finden – und zwar an jeder Stelle, wo wir einem Tier unnütz Leid oder Schmerz zufügen, nicht erst beim Töten, sondern schon beim sinnlosen Ausnutzen.


*Die christliche Theologie hat sich also, was das Tier angeht, schuldig gemacht.*


▪ In jeder Form. Vor allem, weil es niemals eine Verantwortung für die Tiere gegeben hat. Die christliche Ethik wird sagen, Gott habe die Tiere geschaffen, damit die Menschen über die Tiere herrschen; Gott aber möchte keine willkürliche Herrschaft, er möchte nicht, dass man den Tieren Qualen auferlegt. Das stimmt, doch nur zum Teil. Wer die Schöpfungsordnung im Sinne bloßer Herrschaft versteht, hat nie etwa den Sinn einer anderen Erzählung im Alten Testament, im zweiten Kapitel der Genesis, begriffen. Da wird klargemacht, dass der Mensch, wenn alles nur um ihn kreiste, sehr allein wäre in dieser Welt. Um das zu ändern, schafft Gott – nach Gen 2 – die Tiere. Der Mensch soll lernen, mit ihnen zu reden, ihnen Namen zu geben. Wenn die Tiere einen Raum von menschlicher Begegnung eröffnen würden und dabei in ein gewissermaßen zärtlich-poetisches Verhältnis zum Menschen träten, wäre es unvorstellbar, mit ihnen so zu verfahren, wie wir es derzeit tun.

Selbst unsere enorm erweiterte Kenntnis über die Seele der Tiere nutzen wir ja bis heute ausschließlich, um sie schlimmer auszubeuten als vorher. Charles Darwin hat uns nicht weiser gemacht. Im Gegenteil, er hat uns in unserer ausgedehnten Form des Herrschaftswissens nur noch skrupelloser werden lassen. An dieser Stelle muss sich das christliche Abendland, weil es offenbar zu einer Selbstreformation nicht imstande ist, von den asiatischen Religionen her ergänzen lassen und von ihnen lernen.

# Den Lebensstil ändern

*Was heißt das konkret für unsere Lebensgewohnheiten? Heißt das, alle Menschen müssten Vegetarier werden?*

■ Es ist nicht vermeidbar, dass wir über unsere Lebensgewohnheiten nachdenken. Wer kann denn das verantworten, was er vor sich sieht? Wir müssen uns mit dieser Realität konfrontieren, mit all den Tieren, die man in der Massentierhaltung der industriellen Agrarökonomie eingepfercht hält – Hunderttausende von Hühnern, Tausende von Schweinen, Hunderte von Kühen, Tiere, die nie im Sinne der Gesetzgebung eine artgerechte Tierhaltung erfahren haben, sondern die von Anfang an nichts weiter sein sollen, als die billigste Art des Aufkommens auf dem Schlachtviehmarkt oder als Produzenten bestimmter nützlicher Erzeugnisse wie Milch oder Eier. Wer will denn die ganze Angst, das ganze Leid der Tiere mit gutem Appetit in sich aufnehmen, wenn er sieht, in welchen Formen ihm das alles bis zum Tisch hin serviert wird? Es ist nicht vermeidbar, sich zu fragen, ob Vegetarismus gegenüber dieser Art sich zu ernähren nicht eine vernünftige Alternative darstellt.

Kulturgeschichtlich haben wir seit jetzt vier- oder fünftausend Jahren durch wachsenden Anbau von Feldfrüchten eine Unabhängigkeit von der Ernährungsweise von Jägern gewonnen, die auf Tiernahrung angewiesen waren. Wir könnten uns zum erstenmal in der Geschichte der Menschheit, ohne jeden

Schaden sogar, aus diätetischen und hygienischen Gründen zusätzlich auf rein pflanzliche Ernährungsformen reduzieren und konzentrieren. Und wir könnten damit den Tieren Spielraum geben. Es muss noch dabei gesagt werden, dass die Doppelernährung – erst erzeugen wir Futtermittel für die Tiere, dann schlachten wir die Tiere, und dann endlich leben wir von den Tieren –, mit dazu beiträgt, dass über fünfzig Millionen Menschen jedes Jahr verhungern, die von den Mitteln, die wir den Tieren in den Rachen stecken, unmittelbar selber leben könnten. Diese Methode, sich über Tiere zu ernähren, die man erst mal selber ernähren muss, ist ein äußerst verschwenderischer und kostspieliger Produktionsvorgang. Und dann sehen wir speziell bei der Massentierhaltung, bei der industrialisierten Landwirtschaft, dass es offenbar keine teurere Form gibt zu wirtschaften als diese.

*Ist diese industrialisierte Landwirtschaft nicht extrem umweltschädlich, allein die Millionen Tonnen von Gülle, die täglich erzeugt werden?*

▨ Früher war die Agrarwirtschaft eingebettet in die Natur. Man ging gerne aufs Land, einfach um glückliche Tiere zu sehen. Der Bauer liebte seine Tiere, wusste, wie er mit ihnen umgeht. Ich entsinne mich als Kind noch der Lektüre von Hector Malots Buch „Heimatlos". Da wird geschildert, wie man eine Kuh verkaufen muss und wie sie brüllend den ganzen Weg vom Bauernhof weggeht; und dann gibt es an der gleichen Stelle eine kleine Abhandlung darüber, wie liebevoll sich eine Kuh an die Leute auf dem Hof bindet und wie eng die Menschen wiederum mit einer Kuh sich verbunden fühlen. Kaum jemand kann sich heute noch vorstellen, was bei einfachen Bauern eine Kuh im Stall bedeutete. Malots Buch ist vor 130 Jahren geschrieben. Wenn wir uns heute vorstellen, dass man zwei Millionen Kühe einfach tötet und sie anonym in eine Tötungsmaschinerie hineinzwängt, und zwar lediglich, um bestimmten Gesetzen des Marktes zu gehorchen, dann zeigt sich, dass wir ebenso brutal wie mit den Tieren auch mit den Menschen und ihrer Lebenswelt umgehen: Die Bauernhöfe werden auf diese Weise ruiniert. Die Umwelt wird auf diese Weise grandios geschädigt. Ganze Flusssysteme, ganze Einleitungsgebiete in die Meere werden auf diese Weise verseucht. Diese Art zu wirtschaften ist die teuerste, die man sich überhaupt denken kann. Die Verbraucher werden an der Nase herumgeführt, wenn man ihnen erklärt, dass im Endpreis dann dieses Steak oder Kotelett billig produziert wäre – der preisbewusste Konsument hat tatsächlich am Ende eine Ersparnis für sein Einzelprodukt von ein paar Groschen pro Kilo gewonnen. Aber die gesamten Folgekosten, die diesen Preisabstieg bedingt haben, gehen nicht in die Preisgestaltung ein: freigesetzte Landarbeiter, Arbeitslose also, zerstörte Umwelt, zerquälte Natur, marodierte Bauernhöfe.

*Es muss etwas in unserem Denken passieren.*

▪ Es muss zunächst in unserem Fühlen etwas passieren. Jeder, der die geschundene Kreatur sieht, wird aufschreien und sagen: „Das darf so nicht weitergehen!" Und es muss dann auch etwas in unserem Denken passieren. Was wir jetzt tun, ist nicht einmal ökonomisch vernünftig.

# Erdbevölkerung und Schöpfungsgeschichte

*Spielt die wachsende Weltbevölkerung nicht auch eine entschei-
dende Rolle in diesem ganzen System? In der Volksrepublik
China leben mittlerweile etwa 1,5 Milliarden Menschen. Kann
die Erde ein weiteres Bevölkerungswachstum überhaupt noch
tragen?*

In der Bibel hat Gott dem Menschen, den er geschaffen hat,
das Gebot gegeben: „Wachset und mehret euch". Es zeigt sich
im Rückblick: ein nicht ungefährliches Gebot. Die Menschheit hat sich im Verlauf von Jahrhunderttausenden eigentlich
nicht vermehrt, sondern ein bestimmtes Gleichgewicht gehalten im Kampf ums Überleben inmitten einer alles andere als
barmherzigen Umwelt. Die menschliche Spezies wurde kurz
gehalten, so wie alle anderen Tier- und Pflanzenarten unter
bestimmten Bedingungen kurz gehalten blieben. Geändert
hat sich das eigentlich erst seit dem Neolithikum, also seit etwa
achttausend Jahren, durch die Sesshaftwerdung der Menschen, durch den Ackerbau, durch Begründung von kulturell
gewonnenen Nahrungsressourcen, die dank einer immer ver-
besserten Kenntnis der Natur ausgedehnt werden konnten.
Der Unterschied zwischen Mensch und Natur ist seitdem ständig gewachsen. Damit stiegen auch die Überlebenschancen
der Menschen im Kampf gegen die Natur. Ein kleines Beispiel:
Vor zweitausend Jahren, als Jesus zur Welt kam, lebten auf diesem Globus nur 250 Millionen Menschen. Wir haben dann

1500 Jahre, bis etwa zum Dreißigjährigen Krieg, gebraucht, um diese Zahl zu verdoppeln. D. h., vor ungefähr vierhundert Jahren standen wir bei einer halben Milliarde Menschen. Das ist ungefähr der Zuwachs, den allein China in den letzten dreißig Jahren für sich erlebt hat, 500 Millionen Menschen. Die älteren von uns, alle, die ungefähr 60 Jahre oder siebzig Jahre alt sind, wurden in eine Welt hineingeboren, da die Menschheit um 1930 noch bei etwa drei Milliarden stand. Heute sind wir bei über sechs Milliarden. D. h., wir haben in ungefähr einem halben Jahrhundert die Menschheit wieder verdoppelt. Das muss man sich noch einmal vergegenwärtigen: In 1500 Jahren verdoppelte sich die Menschheit um 250 Millionen Menschen. Wir verdoppeln uns jetzt in 50 Jahren um drei Milliarden Menschen. Und das droht so weiter zu gehen.

*Wie beurteilen Sie das Szenario der Zukunft, das sich daraus ergibt?*

◼ Wir bilden uns immer noch ein, immer mehr sei immer besser. Wir haben kaum eine Bundestagsdebatte, in der wir uns nicht rühmen, dass das Wirtschaftswachstum mindestens bei 2,7 Prozent oder gar bei 3,5 Prozent liegt. Alle sind überzeugt: Wir müssen expandieren. In diesen Kontext gehört die Euphorie, dass auch die Wachstumsraten der Spezies Mensch immer weiter nach außen wandern könnten. In Wirklichkeit gibt es kein unbegrenztes Wachstum. Die Menschheitsvermehrung drückt auf die immer enger werdenden Wände dieser Welt und führt zu Brechungen immer größeren Elends, wenn die Wellen zurückfluten. Wir stehen jetzt schon bei 50 Millionen verhungerter Menschen pro Jahr. Es können sehr bald

100 oder 150 Millionen mit steil nach oben gehendem Hyperbelast werden. Nach allem, was wir wissen, wird es so kommen. Denn natürlich wollen die Länder der sogenannten Dritten Welt aufschließen an die Lebensqualität, die wir in Westeuropa und Nordamerika haben.

Würden wir uns einmal vorstellen, dass unsere Lebensart sich über die Erde ausbreiten würde, gerecht und allgemein so verteilt, dass sie jeden erreichen könnte, dann würde beim derzeitigen Stand der Technik die Welt schon dann auseinander brechen, wenn wir noch den Bevölkerungsstand von vor siebzig Jahren hätten. Wir könnten uns gerade drei Milliarden Menschen leisten, die mit diesem Lebensanspruch und diesem Know-how von Technik in diese Welt hineingehörten, ohne dramatische, nie wieder gutzumachende Schäden zu erzeugen. Mit anderen Worten: Wir können heute überhaupt nicht wünschen, dass eine Ausdehnung unserer Lebensform über den Globus stattfindet. Wir sind längst mitten in die Verteilungskämpfe eingeflochten, mit denen die Erste Welt sich schützen will gegenüber dem möglichen drohenden Fortschritt der Zweiten und der Dritten Welt. Und wir tun heute schon mit einem Wall von Gesetzen alles, um die Burg des Wohlstands, die wir erschaffen haben, mit großen Wassergräben zu umziehen, damit uns von draußen nicht das Flüchtlingselend störend erreicht und unseren Status durcheinander bringt. Wir haben uns auf Verteilungskämpfe, auf soziale Unruhen, auf ökologische Katastrophen größten Stils einzurichten, weil wir die Trägerwelle dieser Turbulenzen, die ständige Vermehrung der Menschen, nicht abstoppen.

Und hinzukommt eine kapitalistische Wirtschaft, die auf ständige Expansion angelegt ist. Um es ganz simpel zu sagen: Wenn es in unserem Organismus irgend einen Körperteil gibt, der nur leben kann, indem er sich ständig vermehrt, definieren wir einen solchen Prozess als Krebs. Krebs ist ein Zellgewebe, das nur durch permanente chaotische Vermehrung existieren kann. Und das ist der Tod. Eine Menschheit, die sich ständig vermehren muss, um ein Gleichgewicht zu halten, eine Wirtschaft, die sich nur stabilisiert durch Expansionsraten, ruiniert den ganzen Rest der Welt.

*Was heißt das für die Schöpfungstheologie, was heißt das für die christlichen Kirchen heute? Der Papst propagiert ja immer noch „Nein zur Pille", „Nein zur Abtreibung", „Nein zu jeglicher künstlichen Regelung des Bevölkerungswachstums".*

■ Es ist mir unbegreifbar, wie man so reden kann. Ich glaube, da wir mit einer gewissen Vernunft auch im Vatikan werden rechnen müssen, folgendes: In den päpstlichen Aussagen finden sich nicht nur ethische Anliegen repräsentiert, sondern auch religionsstatistische Kalküls des eigenen Ausbreitungsvorteils.

Ich mag nicht ernsthaft glauben, dass man in Rom nicht sieht, welch eine Katastrophe die wachsende Bevölkerungsvermehrung für den Menschen und für die Natur bedeutet. Ich unterstelle, dass wir nach angegebener Überlegung tatsächlich keine Ethik haben, die uns gebieten würde, die wachsende Vermehrung des Menschen zu stoppen, damit an der Seite der Spezies Homo Sapiens auch andere Tier- und Pflanzenarten eine Zukunftschance behielten. Im christlichen Abendland wird kaum jemand eine Ethik verstehen und akzeptieren, die besagt, es dürfe nicht noch mehr Menschen geben, damit Langusten, Paviane oder Meerkatzen in Madagaskar überleben könnten. Das hängt damit zusammen, dass unsere Ethik ausschließlich auf die Überlebensinteressen des Menschen bezogen ist.

Trotz alledem: Der Schaden, den wir durch die unkontrollierte Vermehrung für uns Menschen anrichten, ist so offensichtlich, dass selbst der Vatikan erklärt, er sei nicht grundsätzlich gegen empfängniskontrollierende Maßnahmen. Aber es herrscht dort die Vorstellung, dass diese Maßnahmen nach der Ordnung der Natur erfolgen müssten. An dieser Stelle wird die gesamte Argumentation auf fatale Weise unübersichtlich und unlogisch: Man nennt es „unnatürlich", wenn jemand z. B. die Pille nimmt – ein technisches Produkt. Die Pille wächst ja tatsächlich nicht am Baum. Für „natürlich" hingegen hält man, dass eine Frau mindestens dreimal am Tag ihre Temperaturen misst und alle möglichen Sonderuntersuchungen mit sich veranstaltet und dadurch permanente Angst und Aufregung in ganz natürliche Vorgänge des Liebens und der Zärtlichkeit hineinbringt. Leute, die in aller Regel selber daran gewöhnt sind, dass es medizinische Versorgung für sie rund um den Tag gibt, gebrauchen einen Naturbegriff, der mit der Wirklichkeit nichts zu tun hat und der im Übrigen völlig lebensfremd ist. Es ist nicht zu sehen, wie man in Ländern der Dritten Welt die Komplikationen einer sogenannten natürlichen Geburtenkontrolle ermöglichen sollte – ein tägliches Überprüfen nach dem Kalender und Verfahren, für die es keinerlei Anknüpfung in der jeweiligen Kultur gibt. Zudem will man offenbar nicht sehen, dass die Natur selber viele Formen der Geburtenkontrolle kennt. Jeder Froschteich kann das zeigen: eine bestimmte Laichrate hemmt die Entwicklung zu vieler Kaulquappen.

Nein, es ist nicht anders zu denken, als dass spätestens in dreißig, vierzig Jahren bei dem Massensterben durch Hunger und soziale Unruhen die Menschheit von morgen sich fragen wird, was eine Kirche – Sprecherin für ungefähr eine Milliarde Menschen auf dem Globus heute – gesagt und getan hat in den Zeiten, die entscheidungsrelevant waren. Man kann doch nicht mehr sorglos versichern, dass, wo Gott ein Häschen schickt, er auch ein Gräschen wachsen lässt. Man wird das später einmal fahrlässige Tötung nennen. Wenn es nur um Beibehaltung einer dogmatischen Selbstsicherheit geht, die durch keine normale oder noch so dramatische Erfahrung mehr mit der Wirklichkeit rückverbunden ist, dann ist dies nicht zu verantworten.

Die Logik solcher bevölkerungspolitisch relevanter Aussagen kann also eigentlich doch nur eine religionsstatistische sein, bestehend in dem Ziel, über entsprechende Erfolge auf dem Bevölkerungssektor, vor allem in Schwarzafrika, in der Konkurrenz mit der enormen Ausbreitung des Islam, gegenzuhalten. In Ländern wie Nigeria steht das zur Entscheidung: Wer wird mehr Kinder haben, Katholiken, Christen also, oder Muslime? Damit hängen die Ausbreitungschancen für die Missionen zusammen. Ich vermute, so etwas steckt hinter der Haltung des Vatikans: nicht das Wohl der Menschheit, sondern die Ausdehnung der katholischen Kirche.


*Aber dahinter steckt doch auch letztlich die Frage: „Gott, wo bist du?" Der Gott, der in der Schöpfungsgeschichte gesagt hat: „Und er sah, dass alles gut war."*


▓ Ich glaube, dass Arthur Schopenhauer recht hatte, wenn er an diesem Satz die größte Empörung entwickelt hat. Er hat einmal gesagt: „Ich möchte nicht Gott sein. Das Leiden der

Kreaturen würde mich niemals in Ruhe lassen." Ich glaube mit Schopenhauer, dass man Gott und die Schöpfung nicht in triumphalistischer Pose aufeinander beziehen sollte. Die Schöpfungsgeschichte im Buch Genesis, Kapitel 1, ist offenbar nach dem Modell altorientalischer Vorstellungen geformt worden: Ein Herrscher sitzt auf seinem Thron, er entwirft ein bestimmtes Projekt, einen Plan, und er stellt seine Gehilfen an, den Plan zu verwirklichen. Spricht ein König, setzt sich sein Befehl dank seiner Macht augenblicklich in die Wirklichkeit um. So ist in der Bibel Gott geschildert: Er spricht, und dann wird es. Es erfüllt sich damit sein Wollen und sein Plan. Nach Ablauf einer bestimmten Zeit ist alles, was der Schöpfer wollte, etabliert. Und er hat allen Grund, weil alles so kam, wie er es gewollt hat, mit dem Ergebnis, zufrieden zu sein. Dieses biblische Bild ist erkennbar so kultur- und zeitgebunden, dass es sich heute nur schwer vermitteln lässt. Vor allem liegt in einer solchen Schöpfungstheologie nicht eine Antwort auf die Infrage-Stellungen der Weisheit und der Güte in der Natur. Es gibt so unendlich viel Leid, so viel Unabgegoltenes, so viel Chaotisches und Absurdes in dieser Welt, dass man es nicht rückbeziehen kann auf einen sich gestaltenden vernünftigen Plan, der, wie eine Blaupause durch einen Techniker, zur Architektur der Welt sich aufbauen würde. Wir haben Grund, an jeder Stelle, ausgehend von den wirklichen Erfahrungen, noch einmal neu über die Schöpfung nachzudenken. An dieser Stelle beginnt die Frage nach der Rechtfertigung Gottes, das Theodizeeproblem, und dieses Problem ist im sogenannten christlichen Abendland bis in die Gegenwart der Hauptgrund für den wachsenden Atheismus in der Neuzeit gewesen.

# Darwin und die Evolution

*Sie haben den Begriff gebraucht „der Plan Gottes". Bis weit ins 20. Jahrhundert hinein wurde in der katholischen Theologie die Genesis-Geschichte wörtlich verstanden – so hat Gott die Welt geschaffen. Ist dieser Plan Gottes nun dabei zu zerplatzen, ist er bereits mit Darwins Evolutionstheorie und Evolutionserkenntnis geplatzt? Wie deuten Sie die Schöpfungsgeschichte?*

Man hat auf seiten der Theologen bis in die Gegenwart hinein geglaubt, die Welt auf den Hervorgang des Menschen hin auslegen zu sollen. Man hat die Genesis so verstanden, dass wir Menschen die Krönung, das geplante Ergebnis aller Veranstaltungen der Welt bilden würden. Selbst ein so nachdenklicher und kenntnisreicher Paläontologe und Theologe wie Teilhard de Chardin hat noch in den Fünfziger Jahren, z.B. in seinem Buch „Der Mensch im Kosmos", die Vorstellung vertreten, dass sich die Materie und die Energie des ganzen Kosmos eingerollt habe, um uns Menschen zu ermöglichen. Dieses „um zu" wurde immer wieder final gedacht: Eine Zielursache sollte der ganzen Weltveranstaltung zu Grunde liegen. Selbst wenn dafür andere komplex klingende Worte verwandt wurden, wie Orthogenese, ein Wort, das Teilhard de Chardin eingeführt hat, war damit immer doch noch gemeint, dass eine Absicht in allem stecke und sich nun in einer Folge von Einzelschritten erfülle. Dieses Weltbild ist mit Charles Darwins Betrachtung zusammengebrochen. Darwin fand als den Motor der Evolution ungerichtete Mutationen, die dann ausgewählt werden. Mit den Überlebenschancen, die die Natur und der eigene Organismus diesen Mutationen lässt, ist ein Moment des Zufalls in die Betrachtung hineingekommen, das sich mit keiner Vorstellung einer Zielursache zur Deckung bringen lässt.

Nehmen wir nur einmal die jüngste Entwicklung, die uns Menschen im Verlauf der letzten dreißig oder zwanzig Millionen Jahre aus einem Zweig baumbewohnender Säugetiere hervorgebracht hat. Dabei können wir uns selbst in diesen evolutiv relativ kurzen Zeiträumen im Grunde an jeder beliebigen Stelle noch einmal vorstellen, dass wir einen Anfang setzen würden, von dem die Evolution neu beginnen könnte. Wir würden nach allem, was wir über die Mechanismen der Biologie heute kennen, mit hoher Wahrscheinlichkeit sagen können, dass wieder etwas ganz Bestimmtes als Ergebnis dabei herauskäme, dass aber nach aller Wahrscheinlichkeit dies nicht wir Menschen wären.

Ich gebe dafür nur ein kleines Beispiel. Die Vorstellung der heutigen Paläontologen lautet: Vor ungefähr sechs Millionen Jahren muß es geschehen sein, dass sich die Wege zu dem heutigen Menschen und dem heutigen Schimpansen auseinander entwickelten. Wenn irgend eine göttliche Planung dabei am Wegesrand gestanden hätte, die uns hervorbringen wollte oder sollte, dann müsste sie sich doch an dieser Verzweigungsstelle beobachten lassen. Was also ist vor etwa sechs Millionen Jahren passiert, als ein Weg begonnen hat, der uns von den Schimpansen trennte und zu den Menschen führte? Es gibt heute eine ganze Reihe von Hypothesen, um diese Gabelung im Baum der Evolution zu begründen. Die allereinfachste lautet, dass die Auffaltung des ostafrikanischen Grabens ein Terrain aufgespalten hat, an dessen Westseite es weiter regnete, wo sich daher Urwälder bilden konnten, während an der Ostseite Versteppungsgebiete entstanden. Die Tiere westlich und östlich des sich auffaltenden Grabenbruches hatten es, nach einer geologisch relativ kurzen Zeit, also mit ganz verschiedenen Lebensräumen zu tun. Die Vorfahren des heutigen Schimpansen hatten offensichtlich wenig Grund, sich zu verändern, diejenigen aber, die in die Steppe hineingedrückt wurden, hatten ganz erhebliche Gründe, sich zu verändern.

Was die Verhaltenspsychologie von Menschen und Schimpansen angeht, gibt es noch heute die größten Ähnlichkeiten. Unsere eigenen Vorfahren haben in ihr Leben in der Steppe alles mitgenommen, was im Urwald schon erprobt war: in Gruppenformationen auf Jagd zu gehen beispielsweise oder Jagdbeute gemeinsam zu teilen, Familien zu bilden, in Gruppen gegeneinander Fehden auszutragen. Kurz, sämtliche Chancen und sämtliche Gefahren, die in unseren Köpfen stecken, teilen wir im Prinzip auch heute noch mit den Schimpansen.

*Heißt das, Sie glauben nicht an eine Planung, an einen Eingriff Gottes?*

▩ Der ostafrikanische Grabenbruch hat sich aufgefaltet durch geologische Prozesse, die zu vielerlei geführt haben und eben auch enorme Veränderungen der klimatischen Bedingungen für Fauna und Flora mit sich gebracht haben. Damit wurden auch wieder neue Anpassungsnotwendigkeiten geschaffen. Diese Prozesse laufen so lange ab, wie die Evolution läuft. Aber sie haben nie ein spezifisches Ziel als Vorgabe intendiert.

Oder rücken wir den Zeitrahmen noch ein Stück näher an uns heran: Vor 2,7 Millionen Jahren bildet sich ein Lebewesen, das wir zum erstenmal Homo nennen: Homo habilis, der befähigte Mensch. So nennen wir ihn, weil alles dafür spricht, dass dieses Wesen imstande war, Abschlagskulturen, so primitiv auch immer, Steinwerkzeuge also, herzustellen. Vor 2,7 Millionen Jahren haben wir wieder bestimmte geologische Veränderungen mit Klimafolgen zu beobachten. Es schließt sich vor 2,2 Millionen Jahren die Panamabrücke zwischen Nord- und Südamerika. Riesige Ringströme bilden sich im offenen Atlantik, unter anderem der heutige Golfstrom. Die Wärmeverteilung in den Meeren, die Wärmeverteilung im Windzyklus verändert sich. Solche Veränderungen führen dahin, dass Lebewesen, die schon einen bestimmten Status erreicht hatten, sich in gewissem Sinne weiterentwickelten. Aber dieses „weiter" ist nie in eine bestimmte Richtung auf uns selber hin ausgerichtet. Es ist vielmehr ein retrospektiver Trick, mit dem wir rückblickend denken, der ganze Weg, der nötig war, um uns hervorzubringen, sei ein von Gott intendierter Weg, der gerade uns hervorbringen sollte. Jede kleine Veränderung auf diesem Weg hätte auch etwas hervorgebracht, aber nicht uns. Und da an jeder beliebigen Stelle Zufallswirkungen zu beobachten sind, sind wir am Ende die glücklichen Gewinner einer ganzen Kette von Zufällen.

*Aber die Entwicklung geht ja weiter. In 35 000 Jahren wird der Mensch, wird die Schöpfung wieder anders aussehen. Also könnte man fragen: Ist der heutige Mensch in der Tat die Krö-*

*nung der Schöpfung? Oder kann es in diesen immensen Zeiträu-*
*men von Millionen Jahren nicht noch eine andere Krönung der*
*Schöpfung geben?*

■ Es ist nicht nur anthropozentrisch gedacht und schon deswegen falsch, es ist zusätzlich im Christentum christozentrisch
gedacht und daher doppelt falsch, und es ist am Ende sogar
eurozentrisch gedacht und damit dreifach falsch, zu sagen:
Ausgerechnet wir im christlichen Abendland sind der Höhe-
punkt aller Veranstaltungen des Kosmos. Das ist ein Denken –
im Grunde so primitiv wie jenes, das wir in antiken Kulturen
beobachten können, wo das Wort für „Mensch" identisch war
mit der Bezeichnung für die eigene Volksgruppe. Die Griechen nannten alle Völker, die keine Griechen waren, „Barbaren". Es gab Menschen, das waren die Griechen, und es gab
die Barbaren; halbe oder gar keine richtige Menschen, das
waren alle Nicht-Griechen! Das ist die primitive Form, die
Welt einzuteilen: Man nimmt sich selber als nicht weiter zu
überschreitenden Endpunkt von allem.

Natürlich kann das so nicht wirklich sein. Wir sehen doch,
dass vor 35 000 Jahren auf der Stufe des Cro-Magnon-Menschen in Europa der Homo Sapiens Sapiens, am Neandertaler vorbei, sich auszubreiten beginnt. Wenn wir denken, dass
der archaische Homo Sapiens sich in Afrika entwickelt hat
und erst vor 100 000 Jahren entstanden ist, sind das für die
Evolution außerordentlich kleine Zeiträume. Wenn wir eben
noch sagten, der Homo habilis habe ein Alter von etwa 2,7
Millionen Jahren, dann ist das eine vollkommen andere
Größenordnung. Und selbst das ist für die Natur immer
noch ein Kleines. Bei sechs Millionen stehen wir selbst, wenn
wir die Gabelung zum Schimpansen in der Zeitskala einord-

nen. Und das ist für die Evolution immer noch ein relativ kleiner Zeitraum.

Denken wir jetzt nur ein wenig in die Zukunft. Kein Mensch kann sich vorstellen, wie auch nur die nächsten Tausende von Jahren sich abzeichnen könnten. Zehntausend Jahre in die Zukunft zu denken scheint ungeheuerlich. Aber das ist ungefähr der Zeitrahmen, der uns heute von der letzten Vereisung trennt. Zehntausend Jahre nur! Wie die Welt aussieht, wenn wir diesen Zeitraum nach vorne projizieren, weiß kein Mensch, vor allem deshalb nicht, weil wir uns das Tempo menschlicher Geschichte und ihrer Entwicklungsmöglichkeiten in keiner Weise vorstellen können. Dass es die menschliche Spezies, nach allem, was sie inzwischen auf die Beine gestellt hat, in 2,7 Millionen Jahren immer noch geben sollte, ist höchst unwahrscheinlich.

Jetzt denken wir aber einmal wirklich evolutiv: Unser Zentralgestirn, die Sonne, hat nach Auskunft der Astrophysiker, bis sie zu einem „Roten Riesen" wird, noch eine Lebensdauer von mindestens vier Milliarden Jahren. Man muss sich das einmal vergegenwärtigen: Tausend Millionen Jahre mal vier! Gesetzt einmal, in beliebig kurzer Zeit, also in zwei Millionen, zehn Millionen Jahren würde die menschliche Spezies an das Ende ihrer Möglichkeiten kommen – selbstverschuldet oder unverschuldet, sie stürbe aus, so wie alle Tier- und Pflanzenarten, so wie ganze geologische Zeiträume, wie z. B. das Mesozoikum sein Ende fand in der Kreidezeit mit dem Tod der Dinosaurier: in diesem Fall stünde hier auf dem kleinen Planeten Erde der Evolution immer noch ein so unglaublicher Zeitraum von weit mehr als drei Milliarden Jahren zur Verfügung, um neue Experimente zu starten, womöglich wieder mit dem Ergebnis intelligenter Lebensformen.

# Religion ist notwendig

*Der Mensch also das Resultat eines offenen Experiments? Ein Experiment der Natur und nicht ein Experiment Gottes?*

Die Natur hat uns hervorgebracht und uns Möglichkeiten gegeben, Fragen zu stellen, auf die sie, die Natur, selber keine Antwort hat. Zum erstenmal ist mit dem Menschen etwas in die Welt getreten, das imstande ist, zu tun, was die Natur selber niemals tut: zu planen, die Folgen des Handelns vorweg zu überlegen und zu kalkulieren, was, wenn man bestimmte Bedingungen manipuliert, als Ergebnis herauskommen könnte. Die Natur hat mit uns ein Lebewesen hervorgebracht, das nicht nur zu Gefühlen von Mitleid und Sensibilität imstande ist, sondern das sogar eine Art von Anspruchsrecht an das Dasein entwickelt, dass man so und nicht anders mit ihm verfahren sollte, und das darin die Grundlagen der Ethik setzt. Ein solches Lebewesen ist im Raum der Natur außerordentlich gefährdet. Ich glaube, dass die Religion, dass das Sprechen von Gott überhaupt deswegen notwendig ist, weil wir zur Beantwortung von absolut menschlichen Fragen einen Hintergrund brauchen, der in der Natur nicht enthalten ist. Es hat keinen Sinn zu sagen, Gott plane anstelle der Natur. Wir brauchen als planende, überlegende Wesen, die sich von allem in der Natur so weitgehend unterscheiden, einen Hintergrund, der es uns erlaubt, uns selber zu finden und einer so fremd gewordenen Natur standzuhalten. Darin liegt der Sinn des Glaubens an Gott.

*Lässt sich Gott auf diesem Weg aus der Schöpfung beweisen? Ist die Schöpfung der eigentliche Gottesbeweis?*

■ Diese Frage ist für die Gegenwart der Theologie eine der wichtigsten geworden. Es gibt keinen Katechismus, keinen theologischen Diskurs, der nicht im Grunde damit beginnen würde: „Im Anfang schuf Gott Himmel und Erde." Und immer wieder hat man in der Theologiegeschichte gemeint, von der Tatsache der Schöpfung her auf Gott schließen zu können. In der katholischen Kirche hat das Erste Vatikanische Konzil um 1870 sogar die Lehre zum Glaubenssatz erhoben, dass man Gott beweisen könne, demonstrari posse. Man hat in den Konzilstexten sogar noch hinzugefügt: mit Hilfe des Kausalsatzes. Man wollte sagen, Gott sei die oberste Ursache, und die Welt sei nicht zu Ende erklärt, ehe wir nicht auf Gott schlössen als die Ursache, die alles zu erklären imstande sei. Martin Heidegger allerdings meinte um 1930 bereits, diese Definition von Gott als der Ursache, die ihre eigene Ursache ist und dadurch die Ursache von allem anderen, sei ein metaphysischer Schluss, der es weder erlaube zu tanzen, zu beten, noch als Mensch zu leben. Das Sein an sich (das ens a se) sei in sich schon ein Abstraktum.

Aber was wir vor allem zu dieser Art von „Gottesbeweis" aus der Ursache sagen können, ist dies: Es handelt sich um einen Fehlschluss in jeder Form und Weise.

Immanuel Kant hat das vor zweihundert Jahren klar gesehen. Mit dem Kausalsatz arbeitet der Verstand, und er kann immer nur bis zu dem Punkt gelangen, dass er noch eine weitere Ursache suchen muss für das, was er gerade gefunden hat. Zu sagen, wir brechen die ganze Untersuchung ab und erklären etwas für die letzte Ursache, die sich selber begründet, ist ein Widerspruch in sich. John D. Barrow, ein Astrophysiker und Mathematiker, hat einmal gemeint, wer mit einem Gott leben könne, der sich selber begründet, könne auch mit einem Universum leben, das sich selber begründet. Nach dieser Logik ist beides beweisbar und beides irgendwie falsch. Aus dem Satz: „Alle Bayern haben eine Mutter" kann man wohl nicht schließen: „Bayern hat eine Mutter". Alles im Einzelnen ist nicht alles im Ganzen.

In Wirklichkeit sind wir die Erben eines theologischen Konglomerats, das von Anfang an nicht stimmte, so verständlich sein Zustandekommen rückblickend sein mag. Um es paradox zu sagen: Der Glaube an Gott, so wie die Religionsgeschichte ihn zeigt und auch die Bibel noch artikuliert, geht nicht aus von der Frage nach der Welt, sondern von der Frage, wo sich für Menschen Orte von Geborgenheit, von Liebe, von Vertrauen und Zuversicht gegenüber dem Tod finden lassen. Diejenigen Paläoanthropologen, Psychologen haben in meinen Augen recht, die sagen, die Religion habe ihre Geburtsstunde in dem Moment erlebt, als ein Lebewesen den Tod als ein individuelles Problem zu empfinden begonnen habe. Tiere sterben, und sie leiden an der Nähe des Todes. Aber sie haben im Grunde eine Antwort für ihr Leben, indem sie eingefügt sind in die Weitergabe des Genmaterials in der großen Entwicklungsbahn ihrer Art. Innerhalb dieser Entwicklungsbahn der jeweiligen Art ist das Kommen und Gehen der Individuen ein ganz normaler Vorgang. Manche Biologen sind aus gutem Grunde der Meinung, dass sich sogar das Verhalten komplizierter Lebewesen, wie etwa der Löwen oder auch der Menschen, dann am besten verstehen lässt, wenn man die Individualität als ein Übergangskonstrukt betrachtet, das dem wesentlichen Zweck folgt, Gene optimal und maximal weiterzugeben: die Individuen als auf Erfolg angelegte Überlebensmaschinen, die sich die Gene konstruieren, um ihrer eigenen Ausbreitung zu dienen. Innerhalb eines solchen Weltbildes ist der Tod kein Problem. Die Gene sind potentiell unsterblich und der Organismus naturgemäß sterblich. Keinerlei Aufregung liegt darin.

Ein erhebliches Problem hingegen entsteht dadurch, dass in der Individualität, wenn sie beginnt, sich selber wahrzunehmen, wenn es so etwas gibt wie ein Selbstbewusstsein, der Tod zu einem Skandal wird. Ab sofort ist man nicht mehr damit einverstanden, zu nichts weiter da zu sein als zur Weitergabe von Genen und damit den Überlebenschancen des Lebens zu dienen. Man möchte wissen, was man in diesem riesigen Konzert selber für eine Rolle spielt. Warum gibt es mich persönlich? Das fragt ein Mensch.

Spätestens von diesem Moment an ist der Tod ein zentrales Problem, das sich durch keine Biologie mehr beantworten lässt. Die Auskunft: Du lebst aber fort in deinen Kindern, ist keine Beruhigung, denn die Kinder haben im Grunde mit ihrem Vater, mit ihrer Mutter außerhalb der Biologie genau gar nichts mehr zu tun.

Wir finden beispielsweise in Möhra, in Thüringen, Gräber der Luthers. All die Leute, die da beerdigt wurden im 20. Jahrhundert, tragen einen ehrwürdigen Namen. Aber sie haben existentiell persönlich nicht das mindeste zu tun mit dem Reformator und umgekehrt auch der nicht mit ihnen. Die Frage, die ein Mensch sich stellt, lautet: Warum gibt es mich mit meinem persönlichen Leben, mit dem, was ich denke, was ich fühle, was mit mir gemeint ist? Und die Antwort darauf wird mir nicht die Biologie sagen. Eben weil da Fragen aufbrechen, die keine Antwort finden im Raum der Natur, bildet sich die Religion mit der Vorstellung, dass ein persönlicher Gott existiert, der der Person des Menschen selber gegenüberstehe.

# Etwas radikal Neues

*Ist das Deutungsmodell der altägyptischen Religion, der Griechen und der Römer rückständiger als das der Christen?*

■ Der Grundgedanke der alten Hochkulturen lag darin, dass Mensch und Natur miteinander verbunden sind, indem sie die Naturmächte selber anschauten als personifizierte Kräfte. Die Götter der Griechen sind geboren aus vermenschlichten Naturkräften, und bei den Ägyptern sind sie nicht sehr verschieden von dieser Vorstellungsweise. Demgegenüber hat die Bibel eine wirkliche Kulturschwelle überschritten und etwas radikal Neues in die Welt gebracht. Gott sollte nicht identisch sein mit den Kräften der Natur, sondern ganz und gar im Hintergrund der Natur stehen. Zum erstenmal wurde der Mensch so radikal aus der Natur herausgelöst, wie es das in keiner mythischen Religion vorher und nachher gegeben hat. Der Mensch steht plötzlich auf der Weltenbühne in einer so bislang nie gekannten Verantwortung. Und gleichzeitig, so fremd der Mensch der Natur wird, wird Gott unterschieden von jeglicher Natur. Es gibt jetzt nicht mehr viele Götter, sondern in einem langen theologischen Lernprozess, allerdings auch auf dem Boden der Bibel beinahe über 1500 Jahre, um genau zu sein: bis ins sechste, fünfte vorchristliche Jahrhundert hinein, formt sich schließlich die Vorstellung, dass es überhaupt nur einen einzigen Gott gibt als eine einzige machtvolle Person, die der oft ohnmächtigen Person jedes einzelnen Menschen gegenübersteht. Und das Gespräch zwischen diesen beiden, der Dialog zwischen Gott und Mensch, ist der Inhalt, der Hintergrund und die Themenstellung dieser ganzen Frömmigkeit.

Erst wenn diese Tatsache klar vor Augen steht, begreift man, wie es, ausgehend davon, zu so etwas wie einem Schöpfungsglauben kommen konnte. Die Frage ist: Warum gibt es mich? Die Frage ist nicht: Warum gibt es die ganze Welt?

Man kann, einfach gesagt, in jeder Familie vergleichbare Fragestellungen und ihre Antworten durchgehen. Ein Kind fragt: Warum scheint die Sonne? Und es wäre zweifellos eine nicht gut beratene Mutter, die dem Kinde nun verkünden wollte, dass die Sonne scheint, weil sie ein Kernfusionsreaktor ist, der gasförmig am Himmel steht – „und das weitere erkläre ich dir später". Dem Kind genügt es vollkommen, wenn die Mutter sagt: „Die Sonne scheint, damit du warm hast und dich freust, denn es ist schön hell um dich." Viel mehr braucht das Kind nicht zu wissen.

Alle religiösen Fragen sind in diesem Sinne im Grunde sehr kindlich, sehr existentiell verdichtet. Sie dienen nicht der Erklärung der Welt draußen, sondern der Sinnfindung des Menschen inmitten seines Lebens. Erst wenn sich ein bestimmtes Vertrauen bildet, dass man leben kann und darf und dass es Gründe der Dankbarkeit dafür gibt, beginnt auch die Welt ringsum immer objektiver in dieses Gefühl einbezogen zu werden. Und dann wird aus dem Gott, der am Anfang der Bibel ein bestimmtes Volk beruft und der, ein Stück ausgedehnt davon, die menschliche Geschichte in seine Hände nimmt, der Gott, der auch *die Bühne* der menschlichen Geschichte als *Schöpfer* in die Hände nimmt. Mit anderen Worten, der Schöpfungsglaube ist nicht das erste, sondern er ist das letzte Credo der biblischen Erfahrung und Religionsgeschichte. Und mir scheint, dass auch wir existentiell immer wieder denselben Weg gehen müssen, wie ihn die Bibel gegangen ist, denn sonst sind Enttäuschungen aufgrund von Fehlantworten kaum revidierbar.

*Der christliche Schöpfungsglaube ist beeinflusst durch ägyptisches Denken, durch die griechische Kultur. Es war ja nicht so, dass der christliche Schöpfungsglaube vom Himmel fiel, und ab einem gewissen Tag glaubten alle nur, das christliche Weltbild sei das richtige, der christliche Gott sei der einzige wahre Gott.*

▧ Nein, im Gegenteil. Wir haben es im Abendland kulturgeschichtlich mit zwei sehr verschiedenen Strömungen zu tun. Die eine religiöse Strömung ist das Erbe der Bibel, im angezeigten Sinne. Aber selbst auf dem Boden der Bibel beginnt schon seit den Tagen Alexanders des Großen, Ende des vierten Jahrhunderts vor Christus, natürlich der Einfluss der Griechen spürbar zu werden. Griechenland hat einen ganz anderen Weg beschritten. Natürlich gibt es die griechische Mythologie. Es gibt Homer, es gibt mystische Religionen wie die des Pythagoras oder des Orpheus in den Mittelmeerkulturen in vielfältiger Form, es gibt die syrischen Kulte des Adonis, des Attis, es gibt das Erbe der alten Ägypter. Aber spätestens seit 600 v.Chr. vor allem im Gebiet der Westtürkei, in Ionien, beginnt eine ganz eigene Denkbewegung von enormer Fruchtbarkeit. Es entsteht die ionische Naturphilosophie. Man will nicht länger hören, dass irgendwelche Götter bestimmte Handlungen tätigen, um bestimmte Effekte der Natur hervorzubringen.

Nehmen Sie folgendes erstaunliche Ereignis: Thales von Milet reist nach Babylon und lässt sich die Listen der Sonnenfinsternisse vorlegen. Noch heute wird man feststellen, dass Sonnenfinsternisse Ängste, diffuse Sorgen, astrologische Befürchtungen aller Art und auch Humbug aller Art hervorrufen können. Da ist immer noch ein Stück Magie offensichtlich in unserer Seele gegenwärtig. In der Antike um so mehr. Die Sonne galt als ein Gott, und wenn sie plötzlich aufhörte zu leuchten, musste es eine feindliche Macht geben, die sie bedrohte. Vorstellungen dieser Art tauchen im übrigen auch in der Geheimen Offenbarung auf, zum Beispiel im Kapitel 12. Auch in der Bibel bis in ihre letzten Tage wirken also solche Ideen noch hinein. – Thales von Milet indessen setzt sich in Babylon hin und vergleicht einfach die eingetragenen Daten und stellt fest, dass eine bestimmte Periodik zwischen den Zeitabständen waltet. Er kommt darauf, dass es eine Mechanik geben muss, die am Himmel dazu führt, dass immer wieder nach periodischer Gesetzmäßigkeit Sonnenfinsternisse eintreten. Mit dieser Erkenntnis kommt er nach Griechenland zurück und verkündet, wann die nächste Sonnenfinsternis sein werde. Und wirklich, auf den Tag genau findet sie statt.

Das ist ein so anderer Umgang mit der Natur, als er in der Bibel angetroffen wird, dass man den Gegensatz gar nicht deutlich genug formulieren kann. Es ist das erstemal, dass die Griechen beginnen, die Natur rein rational erklären zu wollen. Was sind ihre Ursachen? Was sind ihre Wirkkräfte? Was sind die Grundprinzipien? Und sie kommen, so wenig exakte Beobachtungen sie haben, durch Intuitionen erstaunlich weit. Sie müssen sich vorstellen, dass ein Mann wie Demokrit die Milchstraße völlig korrekt als ein Flimmern unzähliger Sterne am Himmel sieht. Das ist eine Anschauung, die wir im Abendland mühseligst eigentlich erst im 19. Jahrhundert langsam entwickelt haben. Für Demokrit war die Milchstraße als ein großes Gefüge von Sonnen, wie unserer eigenen, plausibel. Und nun die Frage: Gibt es Milchstraßen auch außerhalb unserer Milchstraße? Für die Griechen wäre diese Vorstellung kein Problem gewesen. Tatsächlich gibt es Spekulationen bei den Griechen, die für möglich halten, dass selbst unsere Milchstraße nur ein Teil eines noch viel größeren Kosmos sein könnte. Was also ist mit der Konzeption von den Welteninseln bei Immanuel Kant um 1755 in seiner Abhandlung *Über die Naturgeschichte*? Wir haben bis 1923 gebraucht, festzustellen, dass der Andromedanebel, die M 31, eine Galaxie außerhalb unserer Milchstraße ist.

Doch dann plötzlich wirkt diese Entdeckung wie das Schlüsselloch in die Tiefen des Universums hinein. Jetzt wird das ganze Denken der griechischen Naturphilosophie zum erstenmal wirklich fruchtbar. Man muss über die Naturzusammenhänge nachdenken, ohne irgendwelche Götter zu bemühen, ohne an irgendein Eingreifen von außen zu glauben. Womit man es zu tun hat, ist eine riesige Maschinerie, so hätte man im 18. Jahrhundert gesagt; ein dynamischer Prozess der Elektrodynamik und der Thermodynamik, hätte man im 19. Jahrhundert gesagt; Selbstorganisationsprozesse, sagen wir am Ende des 20. Jahrhunderts. Immer wieder entstehen Wirkungen, die auf sich selber zurückwirken, bilden sich neue Ursachen, die wieder Folgewirkungen haben, die die eigenen Ursachen verändern – ein dynamischer Prozess, der im Grunde nie zum Abschluss kommt.

Das Christentum nun hat versucht, die beiden vollkommen verschiedenen Wege zur Wirklichkeit miteinander zu verschmelzen. Im Alten Testament hatte man von den Griechen immerhin in den Weisheitsbüchern die Vorstellung übernommen, dass Gott die Welt gemacht habe nach Maß, Zahl und Gewicht. Das ist für jeden Physiker schon eine ganz gute Ausgangsbasis zum Beobachten und Experimentieren. Aber die Folge ist enorm gewesen. Man hat den Gedanken, dass Gott die Welt geschaffen hat, aus dem Buch Genesis, Kapitel 1, mit den unleugbar fruchtbaren Gedanken der griechischen Naturphilosophie gemeinsam übernommen. Die Naturgesetze, die aufgrund der mathematischen Beschreibungen natürlicher Zusammenhänge von den Griechen gefunden wurden, deutete man als die Gedanken, die Gott in die Welt gelegt habe, um sie zu ordnen. Mathematik wurde in gewissem Sinne als die Sprache verstanden, die Gott geredet hat, als er die Welt schuf. Und die Naturgesetze wurden als die vernunftgelenkte Weisheit Gottes betrachtet, in denen seine Macht sich objektiviert habe. Nur durch dieses Konstrukt ist das entstanden, was wir Schöpfungstheologie im Abendland nennen: eine Verbindung von griechischer Physik und Mathematik mit dem Schöpfungsglauben der Bibel.

Doch damit kommen eine Reihe von Problemen in die Geschichte.

Nach dem biblischen Verständnis, das von der gesamten christlich-abendländischen Theologie übernommen wurde, hat Gott die Weltenbühne gemacht, um den Menschen darauf zu setzen. Der Parameter der Zeit ist für die Bibel dabei außerordentlich knapp, ungefähr nur 6000 Jahre vom Weltenanfang bis heute. Nebenbei gesagt, auch für Theologen, die heute studieren, ist eigentlich sogar nur die Hälfte dieses Zeitrahmens relevant. Man muss von der Erwählung Abrahams, mythisch-sagenhaft um etwa 1800 v. Chr., bis heute also nur maximal 4000 Jahre kennen, um Gott zu verstehen, um die

Welt zu verstehen, um alles Nötige zu kennen. Das ist ein so verrückt kleiner Zeitraum, weil er noch nicht einmal die Hälfte der Geschichte des Menschen seit dem Neolithikum zur Kenntnis nimmt. Eigentlich nimmt er überhaupt nichts von der Naturgeschichte zur Kenntnis. Er schneidet den allerkürzesten Teil der Geschichte heraus, erklärt ihn zum Endpunkt und Zielpunkt von allem und nimmt den ganzen Rest der Welt, unbekannt wie lang, zur Vorgeschichte von allem. Und weil man nicht genau nachsieht, weil man überhaupt keine Inhalte für die gigantische Vorgeschichte der menschlichen Geschichte wahrnimmt, ist diese verkürzte Perspektive eine Missweisung in allem. Den alten Ägyptern waren mindestens die Zeitverhältnisse klar. Sie rechneten in Formen gewaltiger Zyklen von Hunderten von Jahrmillionen. Auch den Griechen, zum Beispiel Heraklit, wären solche Anschauungen alles andere als fremd gewesen. Es war die Bibel, die den Schöpfungsgedanken nach Raum und Zeit unendlich verkürzt hat, so dass es ihr plausibel wird, es sei von Anfang an nur um den Menschen gegangen.

# Schöpfungsmythen

*Gibt es in den Hochkulturen Gemeinsamkeiten in der Schöpfungsgeschichte? Finden wir Bilder, die in der biblischen Schöpfungsgeschichte auftauchen, aber auch in der ägyptischen, in der chinesischen, in der indischen?*

All die Schöpfungsmythen haben eine außerordentliche Ähnlichkeit. Das bezieht sich allerdings weniger auf das Buch Genesis, Kapitel 1, als auf die sogenannte jahwistische Urgeschichte, also Genesis 2 bis Genesis 11, die Geschichten von Adam und Eva bis hin zum Turmbau von Babel. Da lässt sich, vor allem in der Ethnologie, weniger in den Hochkulturen als in der Völkerkunde, eine große Ähnlichkeit innerhalb der Erzählmotive nachweisen und sogar in der Anordnung der Erzählmotive. Die Urgeschichten der Völker sind einander überaus verwandt, was dafür spricht, dass es offensichtlich archetypische Vorstellungen gibt, die unter vergleichbaren Verhältnissen immer wieder auch zu vergleichbaren Vorstellungen führen.

Das Konstrukt der Bibel in Genesis 1: „Am Anfang schuf Gott Himmel und Erde", das Sechstagewerk und dann der Sabbat, ist eine relativ eigenständige Leistung der *Priesterschrift,* eines Nachdenkens schriftgelehrter Theologen nach dem babylonischen Exil, eigentlich eine Quintessenz biblischer Frömmigkeit und priesterlicher Weisheit. Natürlich aber hat auch die Priesterschrift und *ihre* Schöpfungsgeschichte ihre Parallelen, die immer wieder nachgewiesen wurden, z. B. im mesopotamischen Enuma-elish-Epos, aber der Unterschied ist identisch mit einer Kulturschwelle, die da übertreten wird. Dass ein einziger Gott in Souveränität Schöpfer der Welt ist, und zwar ohne mit Widersachern kämpfen zu müssen, ohne wie der Gott Marduk erst einmal ein feindliches Wesen, die Tiamat, zu zerschlagen, oder wie bei den germanischen Göttern Urzeitdrachen zu zerteilen, um aus deren Knochen und Fleisch dann das Weltengebäude zu formen, das ist ein Riesensprung in der Theologiegeschichte gewesen.

Das Entscheidende wird in unserer Auseinandersetzung diese Frage sein: Wenn es denn stimmen soll, dass die Bibel recht hätte, die gesamte Schöpfung sei auf den Menschen hin gerichtet und die gesamte Weltwirklichkeit sei die Manifestation der Weisheit, der Macht und der Güte Gottes, ist dann nicht die Aussage unvermeidbar, dass alles, was geschieht, zum Wohle des Menschen eingerichtet ist? Das glaubt das Alte Testament ganz ohne Zweifel, und zwar von seinen Anfängen her. Die Stammesgottheit Jahwe hat ein einzelnes Volk, sein Volk Israel, über den Stammvater Abraham und dessen Söhne erwählt und ihm einen besonderen Auftrag in der Menschheitsgeschichte zugesprochen. Dann lernen die Propheten, dass Gott nicht nur Israel in seiner Geschichte führt und lenkt, sondern auch die umliegenden Völker, mit denen Israel sich auseinander setzen muss. Der Gedanke eines geschichtlichen Universalismus wächst. Vom Propheten Amos bis zum zweiten Jesaja, bis zum dritten Jesaja im 6. Jh. v. Chr., dehnt sich das Terrain der Zuständigkeit des Gottes Israels im Grunde immer mehr aus. Am Ende ist es die ganze Menschheit, die Gott in seinen Händen hält.

Es waltet im Alten Testament sogar der Gedanke, dass die Abfolge der menschlichen Geschichte sich nach Lohn und Strafe richte. Israel wird in eine glückliche Zeit geführt, wenn es verdienstvolle Könige auf seinem Thron regieren sieht, und es wird bei Abfall von der Ordnung Gottes dementsprechend durch Nachbarvölker, die über es herfallen, gezüchtigt. Dieses Schema von Lohn und Strafe liegt vor allem dem sogenannten deuteronomistischen Geschichtswerk zugrunde, das in den Tagen des Jeremia sich bildet, ebenfalls im 6. Jahrhundert v. Chr., auch zum Teil durch die Erfahrungen des babylonischen Exils. Man versteht die großen Katastrophen des Volkes eigentlich nur, wenn man denkt, dass Gott strafend gar nicht anders konnte, als notfalls sogar sein Volk in die äußerste Vernichtung zu geben. Und dennoch bleibt Gott sich treu. Gott schafft Neuanfänge bis dahin sogar, dass Jeremia im Kapitel 31 einen neuen Bund verkündet, der wesentlich darin fundiert ist, dass Gott weder strafen noch belohnen wird, er wird nur noch vergeben. Es ist eine Logik am Ende, die einmal glaubte, der Mensch könne eine göttliche Gerechtigkeit einhalten und nach göttlichen Maßstäben bemessen werden. Gott muss folglich verzeihend und gütig sein mit diesem Menschen, sonst kann er überhaupt nicht existieren.

Das ist im Übrigen auch schon die Quintessenz der jahwistischen Urgeschichte in Genesis, Kapitel 2 bis 11, gewesen, das Ergebnis der Erzählung von der Sintflut insbesondere: Wollte Gott gerecht sein, müsste er den Menschen ausrotten von dieser Welt. Gott hat keine Freude an dem, was die Menschen treiben. Es gibt Mord, es gibt Ehebruch, da ist Aufruhr, ein chaotisches Durcheinander. Die Natur ohne den Menschen scheint sich wohler zu fühlen als mit dem Menschen. So schafft Gott die Sintflut, doch dann tut's ihm wieder leid. Dass es uns noch gibt, liegt demnach immer wieder daran, dass Gott Mitleid hat und mit uns weiter geht; er will überhaupt nicht strafen, dieser Gott der Bibel.

Gleichwohl, wenn es so steht, müssten wir zunächst einmal denken, dass die Instrumente des Weltenlaufes, die Naturgesetze, die ja in göttlicher Weisheit gestaltet wurden, Rücksicht nähmen auch auf moralische Interessen, also dass das, was in der Natur geschieht, sich nach einer solchen Vergeltungskausalität mit menschlichem Handeln und also auch mit Ansprüchen menschlicher Moral verbände.

An zwei Stellen wird gerade dieser Ansatz der Schöpfungstheologie nun aber außerordentlich problematisch, und er muss über kurz oder lang in die Enge führen.

Das eine ist: Die Naturgesetze sind in keinem Punkt moralisch. Der Glaube indessen herrscht, die Naturordnung selber sei von Gott, der die Gerechtigkeit, die Güte und die Weisheit ist, so eingerichtet, dass es für Menschenmaß verständlich und passend zu machen ist.

Und zum anderen: Man glaubt, innerhalb dieses ganzen Weltverlaufes seien die Interessen des Menschen bestens gewahrt. Alles was geschieht, unterliege einer besonderen göttlichen Vorsehung – und zwar im gesamten Raum der Geschichte Israels, im gesamten Raum der Geschichte der Völker und dann ausgedehnt sogar im gesamten Raum der Natur.

Das Christentum hat diesen relativ kollektiven Gedanken zudem noch auf die Spitze getrieben. Im Christentum taucht mit Bezug auf die Person des Jesus von Nazareth, der kollektiv interpretiert wird, als Erfüller aller altisraelitischen Hoffnungen, der Gedanke auf und wird dann in Glaubensgewissheit gesetzt, dass die Vorsehung Gottes keineswegs nur einem Volke oder den Völkern gelte, sondern jedem Einzelnen als Individuum, jedem Menschen persönlich. Solche Gedanken haben im Alten Testament schon Vorformen, etwa im Buche Hiob. Der Individualismus der religiösen Einstellung wird in aller Regel mit Jeremia verbunden, dehnt sich aber aus und ist im Entscheidungsernst der Botschaft des Jesus von Nazareth deutlich spürbar. Wenn es jetzt aber so steht, gibt es eine Vorsehung Gottes im Raum der Natur für jeden einzelnen Menschen, und es entstehen eine Fülle von Fragen, die nicht mehr beantwortbar sind.

# Die Vorsehung Gottes

*Welches ist für Sie die Hauptfrage?*

▪ Die Hauptfrage ist für mich: Wie ist es möglich, dass so deutlich abweichend von allen Erwartungen, die man den Menschen mitgegeben hat, die Natur und die Welt sich vollkommen anders verhalten, als dass sich irgendeine besondere Vorsehung für den Menschen oder für jeden Menschen darin finden ließe?

*Also Sie erkennen die Vorsehung Gottes in dieser Welt nicht?*

▪ Ganz im Gegenteil. Ich sehe, dass die Menschen zusätzlich zu allem Unglück furchtbar unter den Enttäuschungen leiden, eine solche Vorsehung nicht sehen zu können.

Konkret, ich erlebe, dass Menschen verzweifeln darüber, dass die Frau, die sie lieben, durch einen Unfall ums Leben kommt; dass das Kind, das sie in die Welt setzen, von Anfang an schwer krank ist; dass der Mann, den sie lieb haben, schuldlos in Unglück, Armut, Arbeitslosigkeit gestoßen wird. Und sie fragen sich: Warum ich? Warum überhaupt? Warum will Gott das? Und darauf gibt es keine Antwort. Nach christlicher Schöpfungstheologie muss sich ja in allem, was geschieht, die Weisheit, die Allmacht, das Wollen und Planen Gottes äußern. Also: warum wollte Gott den Tod dieses Mannes? Die Krankheit dieses Kindes? Das Unglück dieser Frau? Fragen dieser Art sind unbeantwortbar. Denn sie sind falsch gestellt. Die Theodizeefrage, wie die Theologen das nennen, die Frage nach der Rechtfertigung des Gottesbildes angesichts der Weltwirklichkeit, führt in eine Kette von Absurditäten hinein, die den Unglauben statt den Glauben vermehren und den Atheismus der Neuzeit unausweichlich haben werden lassen.

Der erste, der das begriffen hat, war nach dem Erdbeben von Lissabon der französische Philosoph Voltaire in seiner kleinen Schrift „Candide", seiner Satire über die beste aller möglichen Welten, einer Persiflage im Grunde auf die Philosophie des großen Harmonisten Leibniz. Der meinte, dass die Welt die beste aller möglichen sein müsse, weil Gott selber es sich schuldig war, wenn er eine Welt schuf, nur die allerbeste, die überhaupt möglich war, zu schaffen.

Leibniz hatte versucht, zu zeigen, dass diese Welt wirklich die beste aller möglichen ist, denn sobald Sie irgendetwas in dieser Welt sich wegdenken, wird die Welt nicht besser, sondern sie funktioniert überhaupt nicht mehr. Das kann man tatsächlich zeigen. Menschen sind etwa entsetzt darüber, wenn ein Vulkan in Kolumbien ausbricht, wie der Nevado del Ruiz, wenn ganze Dörfer unter den kochenden Schlamm-Massen, wie in einem danteschen Inferno, in den Tod gezogen werden – grauenhafte Bilder. Und wieder fragen die Menschen natürlich: Was will Gott damit? Wie ist es möglich, dass Gott das zulassen konnte, geschweige denn, dass er uns das willentlich hätte zusenden können? Es war Voltaire, der einfach zur Kenntnis nahm, dass die Natur sich um den Menschen nicht kümmert. Erdbeben über Lissabon, Vulkanausbrüche wie in Mexiko, geschehen durch, wir würden heute geologisch sagen: Vorgänge der Plattentektonik, die nicht die mindeste

Rücksicht darauf nehmen, was sich am obersten Rand der Erdkruste befindet. Ob das Erdbeben in der Wüste Gobi ausbricht und ein paar Wildesel durcheinander bringt oder im Untergrund von Los Angeles oder Tokio hunderttausende von Menschen gefährdet – die Natur kann für das eine nicht und für das andere nicht. Sie ist, wie sie ist.

*Und Gott ist ohnmächtig? Oder dürfen wir Gott in dieser Situation gar nicht erwarten?*

▨ Gott ist falsch mit der Wirklichkeit verbunden durch Fragestellungen, die die christlich-abendländische Schöpfungstheologie auf dem genannten Weg ins Spiel gebracht hat. Wenn erst einmal feststeht, dass alles, was geschieht, als Machtbeweis und Willensdokumentation Gottes aufzufassen ist, dann müsste die Frage sich beantworten lassen: Warum dieses Erdbeben? Warum diese Opfer? Warum diese furchtbaren Verwüstungen? Lieber Gott, was willst du? Und entsprechend werden Bittgebete zum Himmel gerichtet, dass Gott dies und das nicht zulassen möge, es werden Nothelfer beschworen. Immer denken die Theologen noch im alttestamentlich-mythischen Stil an ein Eingreifen, positiv oder negativ, auf seiten Gottes. Und sie verstehen nicht, wieso solche Eingriffe Gottes, für die man jetzt Erdbeben oder Feuersbrünste nehmen sollte, möglich waren. Auf der anderen Seite stellen sie fest, dass Gott da nicht eingegriffen hat, wo er hätte unbedingt eingreifen müssen. Nach 1945 ist es unter Theologen ein immer wieder hervorgeholtes Wort geworden, dass man nach Auschwitz nicht mehr an Gott glauben könne, weil, wenn es doch den Gott der Bibel gebe, er zu Gunsten seines eigenen Volkes bei der Shoa, bei der Ermordung von sechs Millionen Menschen, unschuldigen Menschen in Auschwitz und in all den anderen Konzentrationslagern, hätte irgend etwas tun müssen, um es zu verhindern. Doch das hat er nicht getan. Mich nimmt immer wieder Wunder, warum den Theologen solche Fragen erst kommen beim Betrachten der menschlichen Geschichte und nicht schon längst bei dem Naturverlauf im Ganzen.

Diese Theologen haben sich um die Natur eigentlich nie gekümmert. Sie haben die projektive Ausdehnung einer bestimmten Vorstellung von menschlicher Geschichte, die in der Bibel fundiert war, auf den gesamten Rest des Kosmos wie selbstverständlich mitgenommen, ohne ein Problem darin zu sehen – so wie in den Anfangstagen der christlich-abendländischen Theologie man die Bibel ausgedehnt und gewissermaßen die griechische Naturphilosophie dabei einkassiert hat und dachte, das gehe in Ordnung. Wir nennen das, was die Griechen den Logos nannten, jetzt den Sohn Gottes, den Christus, und den Vater-Gott. Der Vater-Gott ist der Schöpfer, und die Weltvernunft, die er erzeugt hat, ist inkarniert in seinem Sohn. So schon im Johannes-Evangelium.


*Welche Bedeutung hat auf diesem Hintergrund die Rede vom Heiligen Geist?*

■ Der Heilige Geist sollte die Wirkmacht sein, die nach Maß, Zahl und Gewicht die Natur belebt und ordnet und lenkt. Das alles schien ein so wunderbar geordnetes Weltbild zu ergeben. Doch es stimmt an all den Brechungen nicht, wie wir sie dann erleben. Es konnte eigentlich von Anfang an nicht stimmen.

Jemand, der das klar gewusst hat, war um 175 n. Chr. im Römischen Reich der Philosoph Celsus. Er hat damals sinngemäß geschrieben: Jetzt machen wir mal nicht Christus zur Weltvernunft, sondern sprechen überhaupt einmal über die wirkliche Vernunft. Wir fangen wieder an, über den Kosmos so nachzudenken, wie es die Griechen gemeint haben. Und ganz simpel hat er natürlich gesagt, die Natur habe überhaupt nicht die Absicht, den Menschen besonders hervorzubringen, zu fördern, ihn mit Sonderrechten auszustatten, wie die Christen sich das einbildeten. Die Natur sei die Natur, und wir Menschen kämen darin vor und unterlägen ihren Gesetzen. Die antike griechische Philosophie hätte gesagt, es sei Schicksal, das da walte. Wir könnten nicht Anspruch darauf machen, dass das Schicksal menschliche Züge trage. Es sei uns fremd und blind, unheimlich oft, schrecklich oft. Das ist die Wirklichkeit, die Celsus wieder zurückmeldete. Doch statt seine Schrift zu bedenken und eigentlich an der letzten Weichenstellung, die noch möglich war, die eigene Schöpfungstheologie zu korrigieren, hat man seine Bücher schlicht verbrannt. Wir wüssten von Celsus und von seiner *„wahren Vernunft"* nicht ein einziges Wort, wenn nicht fünfzig Jahre später Origenes, am Anfang des 3. Jahrhunderts, satzweise dieses Buch des Celsus zu widerlegen versucht hätte. Gegen Celsus hat er ein großes Buch geschrieben, und Origenes war ein solch sanfter, ehrlicher Mensch, dass er zunächst einmal referierte, was er widerlegen wollte. Nur deshalb kennen wir das Werk des Celsus überhaupt. Das Christentum war am Ende des 2. Jahrhunderts bereits so dogmatisch geprägt, auch so rigoros in seinem Durchsetzungswillen und so intolerant, dass eine Selbststeuerung durch neue Erfahrung, durch neu einzubringende ehrliche Gedankengänge immer weniger möglich wurde.

*Eine zweite Chance wäre zur Zeit des Kopernikus gewesen, wo wieder das Weltbild, das römisch-katholische Weltbild, radikal in Frage gestellt wurde und man ähnlich verfuhr wie mit Celsus.*

▉ Die erste große Korrektur hätte bereits erfolgen können mit der Auseinandersetzung der Araber. Die brachten dem Abendland zum erstenmal wieder griechische Naturphilosophie, Aristoteles, näher. Albertus Magnus, der Lehrer des Thomas von Aquin, um 1200, war der Meinung, ich zitiere ihn wörtlich: „Man kann über Gott nicht richtig denken, wenn man über die Welt verkehrt denkt." Albertus Magnus konnte sich, wie die Araber es ihm beigebracht hatten, zunächst einmal dafür interessieren, wie die Welt wirklich ist. Man hörte auf, die Welt so sehen zu wollen, wie die Bibel sie malte und wie man sie mit griechischen und lateinischen Begriffen verklären zu können glaubte. Aber freilich war Albertus Magnus noch der Meinung, dass dies der Bestätigung des überkommenen theologischen Weltbildes dienen würde. Sein Schüler Thomas von Aquin hat die große Metaphysik aufgebaut, die eigentlich bis in die Tiefe des 20. Jahrhunderts, über 700 Jahre, weltweit in allen katholischen Seminarien und Lehranstalten zum dogmatischen Grund der Theologie geworden ist. Die Araber indessen hätten mit ihrem Nachdenken der christlichen Theologie zeigen können, wie wenig es möglich ist, mit apriorischen Begriffen die Welt zu verstehen.

Die großen Denker des arabischen Kulturkreises glaubten natürlich daran, dass alles, was passiert, in dem Willen Gottes beschlossen ist. Allah war der Hintergrund eines Schicksalsglaubens in solcher Stringenz und Konsequenz, wie er selbst der christlichen Theologie immer fremd geblieben ist. Aber was die islamischen Denker auch wussten, ist das Überraschungsmoment, die Erfahrungswirklichkeit. Die Araber fingen an, zu experimentieren: Was passiert, wenn man ein totes Huhn in den Schnee legt? Es hält sich viel länger, als wenn man es z. B. in die Sonne legt. Woran liegt das? Solche empirischen Dinge wollten sie wissen. Alles hat Allah gemacht, gewiss. Aber, wie lernen wir Menschen kennen, was Allah alles gemacht hat? Das finden wir nur heraus, indem wir ganz überraschende Nachforschungen anstellen und darauf vorbereitet sind, dass uns die Welt an jeder Stelle noch anders erscheint, als sie bisher wahrgenommen wurde. Das Paradoxe im Islam war ja, dass der Wille Allahs, wie bei einem orientalischen Herrscher, zwar bestimmten Planvorstellungen folgt, dass er aber auch eine gewisse Willkür in sich trägt. Gott kann dies gewollt haben, dann ist es so. Warum aber hat er es nicht anders gewollt? Das weiß man nicht im voraus. Also muss man schauen, wie es ist, um herauszufinden, wieso Allah es gewollt hat.

An dieser historischen und kulturellen Stelle ist für das Abendland zum erstenmal ein starker Anreiz zur Naturwissenschaft im heutigen Sinne geboren worden. Man übernimmt von den Arabern, mittelbar von den alten Indern, die Mathematik. Man gewinnt überhaupt das Instrument erst, das im antiken Griechenland längst vorbereitet lag, um die Natur zu verstehen. Galileo Galilei wird dann schließlich sagen: Gott spricht in der Natur, aber seine Sprache ist die Mathematik.

Die Rechnungen des Kopernikus dann um 1544 waren identisch mit der Zertrümmerung des geozentrischen und, um es vorweg zu sagen, auch des anthropozentrischen Weltbildes: die Erde stehe im Mittelpunkt, der Mensch stehe im Mittelpunkt, und das alles in jenem angegebenen, außerordentlich miniaturisierten Sinne, der die ganze Dimension von Raum und Zeit auf Brühwürfelgröße zusammenzwängen möchte! Mit Kopernikus beginnt die alte Ahnung der Griechen wieder lebendig zu werden, dass die Welt viel größer sein könnte.

Aber der erste, der gemerkt hat, dass in den Entdeckungen des Kopernikus nicht bloße Astronomie liegt, sondern im Grunde der Keim einer neuen Religion, ist Giordano Bruno. Er ist unvergleichlich viel größer als – 22 Jahre nach Brunos Tod – Galilei im Prozess. Giordano Bruno ist der erste, der begreift, dass das Weltbild des Kopernikus den Einsturz des gesamten bisher vermittelten christlichen abendländischen Weltbildes bedeutet. Kopernikus hat eigentlich nichts weiter getan, als die Behütetheit der Welt im Raum aufzulösen. Wenn sich die Erde um die Sonne dreht, wo ist dann eine Grenze für die Planetenbahn? Wenn der Kosmos insgesamt in Bewegung ist, wo ist dann überhaupt eine Grenze im Raum? Wenn die Sterne ganz offensichtlich keine silbernen Nägel sind, die man in die Wand des Kosmos eingeschlagen hat, sondern wenn alles in Dynamik sich befindet, so der Gedanke des Giordano Bruno, dann gibt es *keine* Grenze im Raum. Und genial wie er war, folgerte er weiter: Wenn es keine Grenze im Raum gibt, wird es auch keine Grenze in der Zeit geben. Der gesamte Kosmos ist unendlich in Raum *und Zeit:* Das wird das Postulat dieses als Ketzer gejagten Dominikanermönchs.

*Warum finden in solchen Situationen keine sachlichen Auseinandersetzungen mit Giordano Bruno statt? Warum musste er auf dem Scheiterhaufen sterben?*

■ Bruno ist verbrannt worden im Februar des Jahres 1600, weil die Öffnung seines Weltbildes der Kirche Angst machte.

Sie macht ihr im übrigen Angst bis heute. Denn wenn die Welt unendlich ist, dann hat die Renaissance-Philosophie im Herzen und im Munde Giordano Bruno's auch in dem Sinne recht, dass Menschsein bedeutet, eine Seele in sich zu tragen, einen Geist, der im Stande ist, diese Unendlichkeit zu reflektieren. Wenn aber dies, dann gibt es keine feststehende Wahrheit, sondern nur ein ins Unendliche gehendes Suchen nach der Wahrheit. Es darf dann gar kein Lehramt geben. Denn dann gibt es keine Fixierung des Göttlichen in fertigen Dogmen. Es gibt keine einzelne ausgeschnittene Kultur, die nach ein paar hundert Jahren ihres Bestehens verkündet, dass sie wiederum das Endziel aller göttlichen Veranstaltung sei und von ihr her die ganze Welt erleuchtet werden müsse. Was es dann gibt, ist eine Gemeinsamkeit des Ringens und des Suchens, ein nie beendbarer Dialog, eine Dynamik ins Unendliche. Und der Mensch ist ein solcher Pfeil, der, einmal abgeschossen von der Sehne, ins Unendliche weiterfliegt. Es gibt für Giordano Bruno keine festen Orte, keinen Himmel, keine Hölle, keine Endzustände der Wirklichkeit. Was es für ihn gibt, ist eine Läuterung, die nie zum Abschluss kommt. Das ist sein Bild von wirklichem Leben. Das ist sein Bild von einem wirklichen Himmel.

Dieser Mann Giordano Bruno weiß im übrigen, dass wir überhaupt keine Wahrheit suchen würden, außer getrieben von der Liebe – ein Gedanke, der sich bei Augustinus schon findet: Alle Erkenntnis vollzieht sich aus Liebe, und alle Liebe wächst an der reifenden Erkenntnis. Beide bedingen sich wechselseitig. Giordano Bruno hat das tief geglaubt. Eben deswegen aber musste er die Theologie ablehnen, die einen Christus predigt, der, wieder jetzt durch besondere Eingriffe Gottes, eine bestimmte, die christliche Kultur absolut setzt gegen alle anderen Religionen und Kulturen der Menschheit. Dadurch hat er sich von seiten der katholischen Kirche seine Verurteilung zugezogen.

Das bemerkenswerteste aber ist: Bruno ist der erste, der die Unendlichkeit des Kosmos in Raum und Zeit *postuliert*. Er kann sie weder beobachten noch beweisen. Er hat für die Unendlichkeit der Welt in Raum und Zeit überhaupt keine Argumente; nicht mit astronomischen Gründen, so sehr er auf Kopernikus immer wieder hinweist, sondern aus einer völlig neuen Art von Schöpfungstheologie heraus erklärt Giordano Bruno, dass ein Gott, wenn er denn Gott sein und ewig, unendlich Schöpfer werden will, überhaupt keine Schöpfung schaffen kann, es sei denn als Spiegelbild seiner selbst. Ein unendlicher Gott aber bedarf einer unendlichen Welt als seines Spiegels. Also ist der Kosmos unendlich in Raum und Zeit, wie Gott selber. Gott ist ein ewiger Schöpfer für eine ewige Welt.

Das sind Gedanken, wie sie im Grunde im 14. Jahrhundert Meister Eckehart geäußert hat, und er ist dafür ein Jahr nach seinem Tode noch von Papst Johannes XXII. verurteilt worden. Man hätte auch Meister Eckehart verbrannt, mit aller Sicherheit, wenn er nur geruht hätte, noch ein Jahr länger zu leben. Die besten mystischen Ansätze, die besten religiös formulierten Erfahrungen im sogenannten christlich-biblischen Denken waren offensichtlich nicht imstande, das Weltbild so zu erweitern, dass es mit der Erfahrung, die wir heute am Ende des 20. Jahrhunderts vor Augen stehen haben, kompatibel wäre.

Noch einmal: Wir wissen seit 1923 zum erstenmal, dass unsere Galaxis nicht die einzige Figuration von Sternen im Kosmos darstellt, sondern dass die M 31, der Andromedanebel, außerhalb unserer Galaxis, aus einhundert Milliarden Sternen besteht und dass es hunderte von Milliarden Galaxien gibt im Raum, dass diese Galaxien untereinander wieder Strukturen bilden, lokale Gruppen von Galaxien, von Haufen, von Superhaufen, dass das Universum vermutlich wie in einer Wabenform aufgebaut ist, an deren Oberfläche, wie bei einer Seifenblase, sich derartige Strukturen bilden – eben unsere Galaxien. Nach Albert Einstein würden wir nicht sagen, dass der Kosmos unendlich ist. Im Gegenteil. Wir sagen: er ist endlich, aber er ist unbegrenzt. Und wir sind zum erstenmal seit etwa dreißig, vierzig Jahren im Grunde überhaupt erst imstande, uralte Fragen an die Weltwirklichkeit mit den uns zu Gebote stehenden Mitteln der Naturwissenschaften zu beantworten. Wir stellen uns zum erstenmal begründete Fragen über die Entstehung des Universums. Wir haben physikalische Modelle, um begreifbar zu machen, was im Urknall passiert sein könnte, sogar in den ersten hunderttausendstel von Sekunden nach dem Urknall.

# Fragen an die Schöpfungswirklichkeit

*Auf dem Hintergrund dieser Einsichten: Was glauben Sie, wenn Sie den Satz sprechen „Ich glaube an Gott"? Was ist für Sie persönlich denn „Gott"?*

■ Ich tue mich seit Kindertagen schwer, im Sinn der Kirchenlehre an Gott zu glauben, solcher Fragen wegen. Wenn Sie so persönlich fragen, muss ich auch persönlich antworten. Natürlich habe ich gelernt, als Kind zu beten, dass Gott dies und das verhindern möge. Und ich habe nie gesehen, dass er auch nur irgend etwas verhindert. Das gehört zu meinen frühesten Erinnerungen, dass man aus dem Bunker kommen kann und die Straße, auf der man wohnt, existiert nicht mehr, die Kinder, die Menschen, mit denen ich vor zwei Tagen noch gespielt habe, vor zwei Stunden noch, existieren nicht mehr. Die tradierte Schöpfungstheologie weiß darauf offensichtlich keine Antwort. Vor allem beschäftigte mich das Leid der Tiere – kaum dass ich begonnen hatte, zu denken, spätestens mit acht Jahren, zwölf Jahren. Ich habe darunter elementar gelitten, wie ich es dann bei Albert Schweitzer, beim Buddha, in indischen Religionen, reflektiert gefunden habe. Diese geschundene Kreatur, diese Armseligkeit, mit der viele der Lebewesen hergenommen werden, hat es mir immer schwer gemacht, die Jubelrufe der kirchlichen Dogmatik zu verstehen auch nur, geschweige denn mitzusprechen, dass Gott mit Lob und Dank auszustatten sei für diese Welt, die er so prachtvoll begründet habe. Ich habe zunehmend die größten Schwierigkeiten bekommen, beim Mittagsgebet für das Kotelett zu danken, das auf dem Tisch lag, wenn ich daran dachte, wie es zustande kam, wie man das Tier gequält, getötet, ausgenommen hat, für dieses Kotelett – wie sollte ich Gott dafür danken?

Jene Schöpfungssicherheit, die die christliche Dogmatik begründet hat, war nie Teil meiner Weltanschauung. Es war in meinen Augen geradezu bizarr, als ich den späteren Bischof Hermann Volk, damals noch Dogmatik-Dozent in Münster, theologisieren und philosophieren hörte, dass dem Hasen gar nichts Besseres passieren könne, als in der Pfanne oder im Kochtopf des Menschen zu landen. Er erklärte: Sie müssen wissen, dass axiologisch, d. h. nach dem Wertetheorem, die gesamte Schöpfungsordnung auf den Menschen hinläuft. Der Mensch ist nun einmal das Kostbarste in der Natur, und er hat deshalb ein Recht und sogar die Pflicht – zu Rechten gehören Pflichten –, die anderen Werte für sich zu nutzen. Und dazu zählen die Hasen, die Rebhühner. Ob dieser sehr appetitlichen Theologie wurde ihm Beifall geklatscht, – breites Grinsen und selbstgewisses Hohnlachen in den Bänken.

Ich fand das entsetzlich – eine glatte Lüge an der Schöpfungswirklichkeit. Kein Tier kommt auf die Welt, um vom Menschen gegessen zu werden. Ein Kaninchen kommt doch nicht auf die Welt, um vom Bussard oder Fuchs gefressen zu werden. Es möchte leben, ganz einfach leben. Ein Fuchs kann darüber nicht nachdenken, was er tut, wenn er ein Kaninchen tötet, schon weil er selber Junge hat und er jetzt dieses Kaninchen braucht. Wir Menschen sind in diesen unglaublich brutalen Kampf ums Leben mit hinein gestellt. Aber wir sind die einzigen Lebewesen, bis heute jedenfalls, die darüber nachdenken können, was sie tun. Und dann sollte sich, wie Albert Schweitzer sagte, eine Verantwortungsethik bilden, die universell ist und die Tiere miteinschließt. Ethik bedeutet: spüren, dass wir Leben sind, das leben möchte, inmitten von Leben, das ebenfalls leben möchte. Wir haben kein gutes Recht, wir haben überhaupt kein Recht, tötend in die Welt einzugreifen.

Wenn es so steht, ist das Leben als tragisch zu betrachten und keinesfalls als eine großartige Veranstaltung eines Gottes, der in Liebe, Weisheit, Güte und Machtfülle all dies eingerichtet hätte. Es ist, Charles Darwin hat recht, als erstes ein Stümperwerk, was wir da „Schöpfung" nennen, weit noch entfernt von irgendwelcher Vollkommenheit, die es vermutlich niemals geben wird. In einer Welt, in der ein Tier nur davon lebt, ein anderes zu fressen, in der jede Pflanze wächst, indem sie die Nachbarpflanze in einen Schatten stellt, der ihr den Tod bringt, ist von Güte nicht viel zu sehen.

*Aber dennoch, Herr Drewermann, scheint Sie doch dieses System Kirche – Theologie fasziniert zu haben. Sie sind ja immerhin Priester geworden und haben sich damit auch ein Stück weit zu dieser Theologie bekannt.*

■ Ich habe die Bibel gelesen, d. h. das Neue Testament. Das hat mir sehr eingeleuchtet. In gleichem Maße, wie mir die kirchliche Schöpfungstheologie nicht einleuchtete, hat mir eingeleuchtet, dass die Bergpredigt stimmen müsste. Wenn Jesus sagt, die Menschen, die leiden, die Menschen die weinen, die Menschen, die wehrlos sind, die ohnmächtig sind, die krank sind, die alle müssten eine Chance haben, und er sei gekommen, eine Welt zu begründen, in der Güte zur tragenden Grundlage des Umgangs miteinander werde – da habe ich gedacht, genau so müsse es sein, nur so lohne es sich, überhaupt zu leben. Die Welt, wie sie ist, verdient nicht, einen Tag lang länger zu bestehen. Aber die Welt, so beschrieben, wie Jesus es möchte und ermöglicht, verdient jede Art von Engagement und Hoffnung. In der Sprache des Paulus ist es wirklich eine Entscheidungsfrage: Definieren wir uns Menschen immer noch nach dem alten Modell? Sehen wir auch 2000 Jahre nach der Predigt des Jesus von Nazareth den Menschen nach wie vor sozial-darwinistisch? Oder wagen wir es, an den Neuen Menschen zu glauben?

Mir war klar, wir stehen tatsächlich vor der Alternative: Wollen wir wirklich nichts weiter von uns, als dass wir im Konkurrenzkampf die Fittesten ermitteln? Dann gnade uns Gott – oder hol' uns der Teufel, beides wird dasselbe sein. Wir sind dann aber nicht wirklich Menschen. Oder wir lernen etwas völlig Neues: den Neuen Menschen, mit dem Blick auf den Mann aus Nazareth. Dann können wir Energien mobilisieren, Optionen und Utopien verwirklichen, die in der Natur so nicht vorgesehen sind, aber die im Umgang mit den Tieren und mit der Welt an unserer Seite außerordentlich weitreichende Konsequenzen haben.

Mit anderen Worten: Ich habe an Gott geglaubt in der Art, wie ihn Jesus in die Welt zu bringen versuchte. Ich habe Jesus seinen Gott geglaubt. Denn ich habe gleichermaßen nicht begreifen können, wie Jesus seine Güte für möglich hält, außer er setzt sie in dem, was er seinen Vater nennt, als wirklich voraus. Er tut kraft dieses Glaubens völlig paradoxe Dinge, ganz unglaubliche Dinge. Er geht den Verlorensten nach, den Außenseitern, von denen alle sagen, die gehörten bestraft, die brächten es sowieso zu nichts, die könnten wir draußen lassen und vergessen, die seien nicht Teil unseres Kultverbandes, nicht unseres Sozialverbandes, nicht unseres Wirtschaftsverbandes – weg mit denen also! Genau zu denen geht Jesus, die lädt er ein, mit denen macht er sich solidarisch, und erklärt, wir könnten doch alle überhaupt nicht leben ohne ein solches absolutes Entgegenkommen. Jeremia schon hatte recht: Wenn Gott nicht vergibt, vermag kein Mensch zu existieren. Und nun erklärt Jesus: Weil das Gott mit uns so macht, mache ich das auch so. Jesus argumentiert immer wieder von einem Gott her, den er voraussetzt, den er nicht beweisen kann. Er setzt ihn lediglich gegenwärtig in der Evidenz seines menschlichen Verhaltens. Und das hat mich überzeugt. Daran glaube ich noch heute, unbedingt. Ich würde nicht einen Tag wirklich existieren können, ohne dass ich die Zuversicht hätte: Das, was Jesus wollte, geht.

*War dieser Jesus von Nazareth der Messias? Ist denn die Welt durch ihn wirklich besser geworden?*

■ Nein, die Welt ist in keinem Punkt besser geworden, vom Circus Maximus bis Auschwitz haben sich nur die Dimensionen der Greuel verschlimmert. Gebessert hat sich nichts. Von der römischen Steinschleuder bis zur Atombombe hat sich nur die Tötungskapazität verschlimmert, aber unser Verhalten in keinem Punkt geändert. Von Kaiser Augustus bis Adolf Hitler sehe ich keinen Fortschritt. Bis zum heutigen Tag sehe ich keinen Fortschritt, allenfalls wieder den der Vergrößerung des Schreckens, indem man scheinbar mit bestem Gewissen betont, dass Frieden nur durch Stärke und notfalls durch Sieg in die Welt gebracht werde. Dennoch ist an allen Stellen der Kommentar des Jesus von Nazareth in meinen Augen so evident, weil er dem Verlangen Ausdruck gibt, mit diesem Wahnsinn aufzuhören.

*Aber wenn er der Messias ist, so sagen ja die Juden, schau' aus dem Fenster, hat sich was geändert? Nein. Also – kann er der Messias sein? Für die Juden ist er nicht der Messias.*

▪ Er ist auch für die Christen nicht der Messias, solange die Christen so leben, wie sie es tun. Die Frage, ist Jesus der Messias oder nicht, ist nicht eine Frage an Jesus, sondern an die Art derer, die sagen, dass er der Messias sei. Wer behauptet, Jesus ist der Messias, erklärt, dass ihm in seinem Leben niemand etwas anderes zu sagen hat, als König, als letzte Autorität, als Garant eines richtigen Lebens, als der Mann aus Nazareth. So bekennen formell alle, die sich Christen nennen; das tun sie Sonntagsmorgens von zehn bis elf Uhr, wenn es gut geht, mit abnehmender Zahl allerdings – in den letzten dreißig Jahren sind in katholischen Landen in Deutschland die Kirchenbesucher um fünfzig Prozent weniger geworden. Wie dem auch sei! Montags früh ab sechs wird da jedenfalls etwas ganz anderes bekannt. Und im Leitartikel der Zeitung, die Sie lesen, ganz sicher auch, sogar in der Kirchenzeitung. Dann ist Rücksichtnahme notwendig auf das Kapital, auf die Weltwirklichkeit draußen, auf den politischen und wirtschaftlichen Standort Deutschland. Dann brauchen wir fünfzig Milliarden DM alleine für neue Waffensysteme, für Rüstung. Kein Mensch weiß genau wofür, aber offenbar dafür, dass wir überall den NATO-Interessen und den Interessen der großen Industrienationen für die nächsten zwanzig Jahre aufhelfen können. Jeder begreift, dass das nicht das sein kann, was Jesus in der Bergpredigt wollte. Ganz im Gegenteil, wir müssen nur einmal schauen, dass wir, bei allem Mitleid, das wir christlich vor Weihnachten und Ostern organisieren, vielleicht fünfzig Millionen DM für die christlichen Hilfswerke „Brot für die Welt" und „Misereor" aufbringen: – nach dieser Logik müssen wir also tausend Jahre, das ist von den salischen Kaisern bis zur Gegenwart, sammeln, damit wir den Militärhaushalt der Bundesrepublik in einem Jahr zusammenbekommen, um damit Frieden und Gerechtigkeit in die Welt zu tragen. Im Verhältnis von einem Promille reden wir uns aus der Wirklichkeit.

Und dazu haben wir kein Recht. Wir können nicht sagen, Jesus sei der Christus, und dann an jeder Stelle die Dinge anders und besser wissen, als wir sie wissen könnten, wenn wir auf Jesus hören würden.

Also: die Farce liegt nicht in der Botschaft Jesu, sondern in dieser Art des Christusglaubens.

*Das heißt, länger auf einen Messias zu warten ist die falsche Strategie. Der Messias mit seiner Botschaft in Jesus ist da, es liegt nur endlich daran, dass wir sie umsetzen. Es liegt an uns, dass das messianische Zeitalter anbricht.*

▪ Die Kirchen begehen einen Selbstbetrug von schlimmster Prägung. Sie erklären Jesus für den Sohn Gottes, für allmächtig, allwissend und teilhaftig aller göttlichen Prärogative, sie können gar nicht genug ihn loben und verehren, und gleichzeitig erklären sie, dass der Mann aus Nazareth sich im entscheidenden Punkt seiner Botschaft geirrt hat: Mk 1,15: Das erste Wort, das wir aus dem Munde Jesu hören, heißt: „Das Reich Gottes ist da, es ist gekommen." Nun braucht es schon viel theologischer Rabulistik, um da herauszulesen, dass, wenn das Reich Gottes da ist, es vielleicht noch nicht hier ist, dass es zwar gekommen ist, aber doch noch nicht angekommen ist. Man muss die Worte bis zum Absurden spalten, um herauszuhorchen, dass Jesus etwas für die Zukunft verkünden würde, statt für die Gegenwart anzusagen. Jesus hat so deutlich daran geglaubt, dass das, was Gott will, die Vermenschlichung des Menschen, die Universalisierung einer Menschlichkeit ohne Grenzen, ab sofort und unbedingt jetzt zu leben sei und dass es keinen Aufschub dulde. Sein bestes Argument wäre gewesen, die Menschen in Not könnten doch nicht warten. Jeder, dem es gut geht, kann die Revolution des Jesus von Nazareth aussitzen und denken, so eilig hab' ich's nicht, es war doch gar nicht so schlecht, wie es war. Aber die Leidenden können nicht warten. Die Geschundenen können nicht warten. Die den Tod vor Augen haben, müssen die Erlösung jetzt spüren. Und in deren Namen redet Jesus. Darum gibt es für ihn kein Warten. Alles bei ihm ist jetzt oder nie: so die Bergpredigt.

Schon die Übersetzung stimmt nicht, wenn gesagt wird: „die Weinenden werden getröstet werden". Die richtige Übersetzung müsste heißen: Hiermit sind die Weinenden getröstet. Das passiert jetzt, im Augenblick, wo Jesus spricht – so denkt er sich die Sache.

Dann kommen aber die Kirchen und erklären, in diesem Punkte freilich habe Jesus sich doch vertan. Er habe das Reich Gottes angesagt, aber es sei ausgeblieben. Gott habe sich verzögert. Wir müssten leider sagen, dass Jesus das Tempo, mit dem er Gott agieren sah, nicht richtig eingeschätzt habe. Und darum gebe es jetzt statt des Reiches Gottes die Kirchen selber.

Sie seien die Ersatzgrößen, die bis zum Jüngsten Tage die Ankunft des Reiches Gottes vorbereiten sollten. Diese Verkehrung von allem ist unglaublich.

Schaut man ins Neue Testament, wird man entdecken, dass das Problem Jesu nie darin lag, dass Gott sich verzögert hätte. Jesus erzählte Geschichten, beispielsweise im Matthäus-Evangelium, Kapitel 22, dass Gott ein Gastmahl hält, ein König, der alle einlädt. Der König hat alles fertig bereitet, die Mahlzeit steht auf dem Tisch, man muss nur zugreifen. Das Problem Jesu ist nun, warum die Leute auf sich warten lassen und nicht zur Einladung kommen. Sie haben lauter Ausreden. Einzig das will Jesus Wunder nehmen, was uns immer noch einfällt, um die Wahrheit, die wir längst schon kennen könnten und auf den Nägeln brennen sähen, immer noch nicht zu befolgen. Dass Gott sich verzögerte, war Jesus niemals das Problem. Dass die Menschen einen unendlich langen Draht haben aus lauter Angst, weil sie es nicht über sich bekommen, die paar Dinge, die richtig sind, auch wirklich zu tun, das ist die ganze Auseinandersetzung.

*Also stimmt die gesamte christliche Theologie irgendwo nicht?*

■ Strukturell stimmt an diesem Punkte ersichtlich die ganze christliche Theologie nicht, und das hängt engstens zusammen mit der Schöpfungstheologie. Wir haben uns angewöhnt im Raum des theologischen Denkens menschliche Probleme in Gott hinein zu projizieren. Wir reden ständig über Gott an Stelle von uns selber. Und genauso reden wir statt über die Schöpfung am Ende über Gottes Planungen, und das bringt alle Dinge durcheinander. Wir treiben Kosmologie an Stelle einer ordentlichen Theologie, wir treiben Theologie an Stelle einer ordentlichen Psychologie, und darum verstehen wir die Welt nicht und den Menschen nicht, mit der Behauptung aber, dass wir Gott besonders gut verstünden. Wir stellen alle Dinge auf den Kopf.

Ganz dramatisch stellt sich am Ende dann die Frage, warum Jesus sterben musste. Da haben wir zur Auskunft, weil Gott das so gewollt habe. Er habe seinen eigenen Sohn nicht geschont, er habe ihn zum Opfer für die Sünden der Menschen gegeben, er habe sein unschuldiges Leiden zur Wiedergutmachung der Sünden aller benötigt, damit Gerechtigkeit werde. Wir wissen vermeintlich über die Planungen Gottes unendlich viel, aber wir kommen ganz sicher nicht auf die Idee, einfach zu sagen, Jesus musste sterben, weil wir alles besser wissen möchten. Jesus kam, uns zu sagen, was jeder spüren könnte, was Gott in ihm selber redet – an Liebe, an Güte, an Verstehen, an Öffnung. Dann aber bekommen wir Angst. Wir haben ihn totgeschlagen aus lauter Angst. Nicht Gott wollte das. Aber wir scheinen das nötig zu haben, weil wir alle Dinge viel zu spät oder nie begreifen.

# Jesus – Gottes Sohn

*Haben die Kirchen und die Theologen die Botschaft dieses Mannes von Nazareth nicht oft eher verdunkelt als erschlossen?*

Ja. Wir haben die Auseinandersetzung, die psychisch in uns in Form von Widerständen stattfindet, in Form von Projektionen in Gott hinein verlegt. Und die Widersprüche, die wir haben, wenn wir Jesus zuhören, haben wir als Brüche in Gott reflektiert. Statt Psychologie haben wir eine projizierte Theologie. Nur, deren Widersprüche können wir nicht mehr lösen. Am Ende stirbt Jesus, damit er Widersprüche in Gott löst. Das hat er selber nie gedacht. Jesus hat gewiss gemerkt, was ihm blüht, wenn er eintritt z. B. für Hungernde, für Ausgegrenzte, was für eine Rebellion er damit auslöst und was für einen Hass er damit auf sich ziehen wird. Doch er hat gedacht: „Da muss ich durch. Es hilft jetzt gar nichts, wir müssen das ausstehen, nicht aussitzen, aber ausstehen. Wir können nicht den Zentimeter hinter die Wahrheit zurück. Lass sie doch machen, was sie wollen." Das war die Meinung Jesu. Das ist der Grund, dass nach höchstens zwei Jahren seines öffentlichen Wirkens Golgatha und die Kreuzigung standen. Gerade weil Gott wollte, dass jemand endlich so lebt, wie Jesus sich das vornahm, erhob sich der ganze Widerspruch auf der Seite der Menschen, ja, er kulminierte geradezu darin.

*Jesus, Gottes Sohn. Wie kann man das begreifen? Was bedeutet das für Sie, Mensch und Gott zugleich, menschliches und göttliches Leben? Ist das nicht schwer zu begreifen?*

■ Wir müssen die Sprache der ersten Konzilien in den ersten vierhundert Jahren der Kirche, die dann über das Dogma bis heute verpflichtend geworden ist, aus ihrer Zeit heraus verstehen. Wer von „Sohn Gottes" spricht, hat natürlich die Sprache der altorientalischen Königsideologie oder der -mythologie vor sich. Die alten Ägypter haben so gesagt, und jeder, der ein bisschen Ägyptologie gelernt hat, braucht nur die Kartuschen an den Pharaonennamen zu sehen: Er sieht eine Gans mit einer Sonne. Das bedeutet: der Sonnensohn, *sa Re*. Das ist eine der fünf Nomenklaturen für den Pharao. Er ist der Sohn der Sonne. Man will damit sagen: wer den Pharao, einen König, begreift, der versteht ihn nicht als bloßen Menschen. Der Pharao ist Repräsentant der Himmelsmacht. Der Pharao ist die Gottheit auf der Erde. Der Name Tut ench Amun z. B. sagt: *das lebende Bild des Gottes Amun* ist der 18-jährige Pharao Tut ench Amun. Er regiert *wie die Sonne am Himmel*. Das ist genauso eine stehende Formel schon um 1500, 2000 v.Chr., viel früher vor Christus, als wir es danach sagen. Solche Vorstellungen sind über die Königspsalmen, über manche Bilder der Propheten, auch ins Alte Testament gekommen und dann im Hellenismus, im Diaspora-Judentum, in Teilen aus dem Diaspora-Judentum, das sich zum Christusglauben bekannt hat, sehr wörtlich genommen, metaphysisch genommen worden und unter den Einfluss der griechischen Philosophie geraten. Die Frage war jetzt: Was bedeutet die Aussage: der König, der Messias, der Christus ist der *Sohn Gottes*? Für die Ägypter war das ein Bild für die Funktion eines Königs, der in seiner irdischen

Macht Repräsentant der Himmelsmacht ist. Im Denken der griechischen Philosophie wird daraus eine Naturaussage. Der Sohn Gottes ist deshalb Sohn Gottes, weil er die Natur des Göttlichen in sich trägt. Ich gehe jetzt nicht darauf ein, wie daraus dann die Trinitäts-Spekulation in den ersten dreihundert Jahren entstanden ist, wie der Sohn gezeugt wird aus dem Vater, aber ohne eine Frau – alles rational kaum verstehbare Dinge.

*Dafür gibt es aber doch auch Vorbilder in den griechischen, den antiken Mythen?*

▪ Es gibt antike Mythen, nach denen die Göttin Athene aus dem Haupt des Zeus geboren wird, aber das ist kein Zeugungsvorgang im eigentlichen Sinne. Der Gott Atum zeugt die Welt durch Selbstbefriedigung, aber das kann auch nicht gerade der Vorgang der innertrinitarischen Prozession des Sohnes aus dem Vater werden. Wir kommen mit solchen Vorstellungen im Grunde nicht weiter. Wenn Sie mich fragen, wie ich diese alten Bilder, die ich nur jetzt kurz zitiert und skizziert habe, interpretiere, dann scheint mir allein schon das Unverständnis der Sprache der Spätantike und ihrer Bilder im Abstand von 1500 Jahren die Notwendigkeit zu begründen, dass wir die Erfahrungsdichte des Gemeinten wieder herstellen sollten. Dann, glaube ich, ist ein Satz aus dem Johannes-Evangelium sehr schön, in dem Jesus einmal sagt: „Wer mich sieht, sieht den Vater." (Joh 14,9) Oder nehmen wir ein Bild sogar des christlichen Glaubensbekenntnisses, Jesus sei *Licht vom Lichte*. So übersetzt man da das Wort „Sohn Gottes".

In meiner Erfahrung stellt sich das so dar, dass ich Gott überhaupt nicht glauben würde, wenn ich nicht auf Jesus sähe. Der Mann aus Nazareth ist mir ein Grund dafür, an einen Gott zu glauben, an *seinen* Gott zu glauben und damit an einem väterlichen, mütterlichen, gütigen Hintergrund der Welt überhaupt festzuhalten. Das lehrt mich das Beispiel des Mannes aus Nazareth. Und wenn das so ist, dass mir Gott überhaupt nur nahe kommt durch diese Person, wie soll ich dann anders denken, als sie sei selber von Gott ausgegangen? In dieser Richtung sehe ich das Licht, das sie mitgebracht hat. Das ist Licht von einem Lichte, das in ihr gegenwärtig wird. So die alten Ägypter, so das frühe Glaubensbekenntnis, so mindestens etliche Formulierungen im Johannes-Evangelium. Man braucht dafür nicht eine Zwei-Naturen-Lehre oder komplizierte metaphysische Gedankengänge. Die waren vielleicht einmal vor 1500 Jahren hilfreich im Hellenismus und im ausgehenden römischen Reich, aber es ist nicht mehr unsere Sprache, und es ist auch nicht unsere Erfahrungswelt. Wir sollten das übersetzen dürfen. Ich jedenfalls glaube, wir kommen gar nicht umhin, die Worte zu übersetzen in unsere existentielle Erfahrung.

Man nennt das, was ich meine, unter Theologen „funktionale Theologie" oder „Christologie". Es gibt viele Worte dafür. Aber mir scheint dies gewiss zu sein: Wenn der 1. Timotheus-Brief schreibt: „Gott wohnt in einem unzugänglichen Lichte" (1 Tim 6,16), will er doch damit folgendes sagen: Uns wird schwarz vor Augen, wenn wir uns vorstellen, aus welcher göttlichen Macht diese Welt kommen soll. Uns wird schwindelig, denn wir sehen in dieser Perspektive überhaupt nichts mehr. Erst durch die Vermittlung eines Menschen, der eine Güte in diese Welt bringt, von der man anfängt, die Welt akzeptieren zu können, verstehen zu können, öffnen sich unsere Augen. In dem Sinne kann man sagen, Jesus sei von Gott ausgegangen, er habe uns überhaupt Gott nahegebracht, er habe uns zu Kindern Gottes gemacht.

*Ist es auf diesem Hintergrund berechtigt, zu fragen: Warum braucht denn dieser allmächtige Gott diese komplizierte Offenbarung durch einen Sohn, der stirbt und aufersteht? Ist das eine banale oder eine berechtigte Frage?*

■ Es ist unbedingt eine berechtigte Frage. Gott braucht im Grunde gar nichts, um sich zu offenbaren. Er ist einfach da. Nur ist es meiner Meinung nach ganz unmöglich, von Gott her irgendeine Frage und Antwort auf die Ursachen der Welt geben zu wollen. Wir wissen nicht, was Gott sich gedacht und was er gewollt hat, als die Welt entstand. Wir können nicht so tun, als könnten wir von Gott her auf die Welt und auf den Menschen zusprechen – so als ob wir, an seinem Throne stehend und in seine Pläne eingeweiht, dem Allmächtigen über die Schulter schauen und vom Himmel herab, oder aus dem Petersdom heraus, der Menschheit verkünden sollten, wie das Ganze zu verstehen sei. Das ist unsere Situation nicht. Was Jesus uns gelehrt hat, ist nicht Teilhabe an einem solchen Wissenshorizont göttlicher Weltentwürfe. Was wir von Jesus lernen können, ist etwas anderes: ein Vertrauen zu bilden, das uns über den Abgrund trägt, ein Vertrauen, das uns hilft, durch dick und dünn zu gehen.

Ein wunderschönes Bild dafür gibt im 14. Kapitel des Matthäus-Evangeliums die Erzählung, wie mitten im Sturm unter den Wogen der Wellen die Jünger im Boot Jesus auf sich zukommen sehen; und Petrus, als er aus dem Boot heraustritt, um ihm zu begegnen, bekommt beim Hören des Sturms, beim Sehen des Wellengangs, eine solche Angst, dass es ihn in den Abgrund hinabzureißen droht. Nur mit dem Blick auf den Mann aus Nazareth, der buchstäblich vom anderen Ufer auf ihn zukommt, bekommt diese selbe Welt einen Grund, weiter zu gehen; da beruhigt sich der Wellengang, da legt sich der Sturm. An dieser Stelle im Matthäus-Evangelium sagen die Jünger zum erstenmal zu Jesus „Sohn Gottes". Zum erstenmal!

Und ich glaube, nur wer das so erlebt, kann verstehen, was da gemeint ist. Mit dem Blick auf Jesus beruhigt sich die Angst, die in dieser Welt alle Menschlichkeit zu verderben droht. Immer wieder schafft sie ihre eigenen Gründe, sich völlig anders zu verhalten, als man möchte. Immer wieder zieht sie die Menschen in diesen Blut-Sumpf hinein, den wir Krieg nennen, den wir Verteidigung nennen, den wir Schutz- und Gerechtigkeitsanspruch nennen. Sie macht uns grausam, diese Angst. Sie lässt uns immer wieder tierische Repertoires gegeneinander aktivieren und exekutieren. Schauen wir hingegen auf diese andere Möglichkeit, die Jesus bietet, beginnen wir uns selber zu verstehen, beginnen wir die Menschen an unserer Seite zu verstehen, und wir bekommen zum erstenmal eine Ahnung von dem, was mit Gott gemeint sein könnte.

Ich glaube nicht, dass wir Gott kennen lernen aus der Welt. Ich glaube, dass wir ihn als erstes kennen lernen müssen aus der Ermöglichung einer Menschlichkeit, die wir als Sehnsucht deutlich in uns tragen, die wir als Wahrheit ganz evident vor Augen sehen und die wir doch nie den Mut haben, wirklich zu leben. Erst wenn das ganz klar ist, können wir hinausgehen in die Natur und mit ähnlichem Vertrauen plötzlich jenseits der Angst, trotz aller Schrecknisse, die in der Natur bleiben, ein Gefühl von Dankbarkeit, von Ehrfurcht, von Respekt und von Weisheit in die Weltwirklichkeit eintragen. Wie denn auch anders?

Dass uns der Blick zum Kosmos bescheiden machen sollte, ist eine richtige Lehre. Aber was soll man aus der Astronomie lernen? Wir führen Kriege mit Landkarten in der Hand – um jeden Berg und jeden Fluss auf dem Balkan mitten in Europa immer noch, in Israel, im sogenannten Heiligen Land, um bestimmte Mauern, um bestimmte Bezirke inmitten einer bestimmten Stadt – und immer im Namen Gottes. Natürlich kann uns der Blick in die Natur, in den Kosmos, in die Tiefen von Raum und Zeit zeigen, wie absurd unser Verhalten ist, wie überdimensioniert demgegenüber die wirklichen Ordnungen sind, aus denen heraus wir kommen. Aber das allein macht uns nicht weise. Ganz im Gegenteil. Wir bleiben voller Schrecken eher noch hasserfüllter im Kampf gegeneinander. Darum brauchen wir als erstes eine menschliche Begegnung, die uns aus dem Spuk heraushebt. Dann erst wird der Blick zu den Sternen uns die Andacht und die Ehrfurcht und die Bescheidenheit lehren können, die wir brauchen, um miteinander zu leben.

# Gottvertrauen

*Also ist für Sie der Mann aus Nazareth ein Schlüssel für die Gottesfrage, aber auch ein Schlüssel für das angstfreie Leben in dieser so unerklärbaren und brutalen Welt?*

■ Ja. Wenn Sie vorhin fragten, warum diese ganze „Offenbarung" so kompliziert ist, sage ich nur: Viel einfacher ist es offensichtlich nicht. Die Menschen haben kaum eine größere Angst als davor, sterben zu müssen, und selbst wenn sie vor dem Tod keine Angst hätten, dann doch vor der Lieblosigkeit, mit der man Menschen in den Tod und in die völlige Gleichgültigkeit stoßen kann – wie wenn es auf sie nicht ankäme: sie können verrecken, und kein Mensch wird sie vermissen. Wenn das das beherrschende Gefühl ist, verursacht es das reine Grauen, und Menschen werden alles tun, um diesen Eindruck zu widerlegen. Sie werden töten, sie werden kämpfen, sie werden Leistungen hervorbringen auf Kosten anderer, im Wahn, aus ihnen werde noch was. Das biblische Bild dafür ist, dass wir Furcht hätten, nichts weiter zu sein als Staub der Erde (Gen 3,19). Wenn wir damit nicht zufrieden sind, wie Gott uns gemacht hat, dann müssen wir aus diesem Kohlenstoff Diamanten pressen, mit Überdruck auf uns selber. Wir müssen die Vergänglichkeit widerlegen durch fantastische Träume von halluzinierter Ewigkeit. Der unsterbliche Mensch, der geklonte Mensch, dieser ganze Wahnsinn findet derzeit gerade ja seine Ouvertüre.

Es ist so wichtig, zu erleben, dass Liebe, Gemeinsamkeit, Geborgenheit nicht widerlegt werden durch den Tod. Vielleicht entwertet uns der Tod ja gar nicht. Vielleicht ist es überhaupt ein Unfug, zu glauben, dass andere zu sagen hätten, wer wir selber sind!

Dieses Thema finde ich unbeschreiblich eindrucksvoll dargestellt in den Szenen von Golgatha. Man muss doch glauben, nach dem Zeugnis des Markus, dass die politische Vernunft, die Weisheit Roms, etabliert in Pontius Pilatus, und die göttliche Vernunft, etabliert in dem Hochpriester Kaiphas, zu dem gemeinsamen Urteil kommen, dass der Mann aus Nazareth getötet gehört. (Mk 14, 53—65; 15, 1—15) Jesus war ein Aufrührer, gemessen an den politischen und sozialen Verhältnissen, und er war widergöttlich nach Maßgabe der „richtigen" Auslegung des mosaischen Gesetzes. Er verdiente den Tod doppelt – nach menschlicher wie nach göttlicher Ordnung. Sie waren sich alle einig. Und auch Jesus müsste eigentlich, wenn er ein bisschen bußfertig und einsichtsfähig gewesen wäre, von sich gedacht haben: Ich habe es verdient. Genau das aber hat er nicht.

Das vermutlich schlimmste, was Jesus erleben musste, war, dass ja nicht nur, so betrachtet, er selber scheiterte, sondern mit ihm sogar all diejenigen, die er dahin verführt hatte, zu glauben, dass ein Reich Gottes möglich sei – wirklich ein Umsturz in allen Verhältnissen, dass das nicht ein Traum sei, ein anarchistischer Spuk, sondern eine wirkliche Erneuerung der Menschheit im ganzen, hier und jetzt. Geglaubt haben es ihm Leute, die wie Wahnsinnige in ihrer Not waren, Maria von Magdala zum Beispiel, eine Besessene (Lk 8, 2), daneben Habenichtse und Hungerleider in Massen natürlich – der antike Philosoph Celsus, von dem wir vorhin sprachen, sagte: Kein

Räuberhauptmann hätte sich eine andere Bande zusammensuchen können –, da ist was dran. Die alle aber, die in ihrer Not zu ihm kamen, wissen nun auch nicht weiter! Und dies soll das letzte Wort gewesen sein!

Es ist für mich ganz ungeheuer, wenn das Lukas-Evangelium meint, Jesus habe im Sterben, wie in einem sich erfüllenden Gebet, den 31. Psalm gesprochen: „In Deine Hände gebe ich meinen Geist", – mich selber. Die Szene ist mir deshalb immer wieder beeindruckend gewesen, weil sie doch darauf hinausläuft, dass das, was ein Mensch ist, einzig nur bei Gott steht. Alles, was wir gewollt und versucht haben, kann beurteilt werden, wie es will, kann zu Ergebnissen führen, welche immer das sind – das, was wir sind, diktiert nicht die Geschichte, nicht die zeitgenössische Geschichtsschreibung, nicht die Dokumentenverwaltung aus bestimmten Orten und Perioden. Es steht im absoluten Sinn bei Gott. Dieses Vertrauen ist unbedingt nötig, damit wir als Menschen richtig leben und ganz sicher richtig sterben. Anders werden wir immer wieder abhängig. Wir werden Dinge tun, damit bestimmte Leute über uns ein bisschen besser reden. Oder wir werden bestimmte Dinge so fälschen, dass der Ruhm der Nachwelt gesichert bleibt. Wir werden Tagebücher schreiben, in denen es steht, wie wir doch wirklich waren. Und kein Mensch wird es jetzt schon unter den Zeitgenossen glauben.

Es ist möglich, dass Menschen hundertfünfzig Jahre lang zu den ganz Großen der Welt zählen: Karl Marx gehörte bis 1989 für große Teile der Menschheit zweifellos dazu, und plötzlich sind für nur fünfzig Pfennige Anerkennungshonorar alle dreißig Bände seiner Schriften in irgendeinem Museum zu erwerben. Es ist möglich, dass Platon ein großer abendländischer Denker vor 2500 Jahren war, und nun erscheint er im

Abstand als jemand, der großartig gedacht hat, nur leider womöglich mit völlig falschen Fragestellungen und völlig falschen Antworten. Oder war alles genial richtig, was er sah? Darum streiten sich heute noch Mathematiker und Kosmologen. Es kann sein, dass jemand plötzlich wiederentdeckt wird, wie Giordano Bruno, der verachtenswert und horribel war für die Leute, die über ihn bestimmten, und mit einemmal erscheint er als das Leuchtfeuer einer Freiheit von bewundernswerter Größe.

Wer hat denn über Menschen irgend etwas Endgültiges zu sagen? Das ist für mich entscheidend, was über Gott zu lernen ist im Sinne Jesu: Es gibt eine Macht, in deren Hand hinein wir uns geben. Wenn der Tod das bedeutet, sich vertrauensvoll in diese Hand hineinzubegeben, dann müssen wir es offenbar so lernen. Anders gibt es für uns keine Offenbarung Gottes.

# Ewiges Leben

*Mit dem Tod verbinden die Christen die Hoffnung auf ein ewiges Leben. Ist das eine Hoffnung, die trägt?*

■ Ja, ich glaube, dass diese Hoffnung so sicher ist wie die Tatsache, dass die Natur nichts Ewiges zulässt. Um so wichtiger ist das Vertrauen, dass das, was wir sind, in der Hand einer Macht ruht, die in ihrer Liebe den Tod widerlegt. Ich glaube nicht, dass wir vernünftige Antworten finden auf unser Leben, wenn wir denken müssten, die Bilanz ginge in diesem Leben auf und danach gäbe es eigentlich nichts weiter mehr zu verrechnen. Wohin wir sehen: Niemandes Bilanz geht auf in seinem Leben! Immanuel Kant hatte recht, als er meinte, eines der größten Übel der Welt liege darin, dass, wie zu leben sei, wir meistens erst erfahren würden, wenn wir so alt geworden sind, dass es zu spät sei, es auch so zu tun, wie wir hätten tun sollen und posthum es auch wohl gewollt hätten. Dieses Leben ist schattenverwirrt, und wir kommen in aller Regel sehr spät überhaupt erst dahinter, was sein Thema war. Selbst das ist ein Glücksfall für die allermeisten. Und sind wir genau in der Beobachtung, werden wir feststellen, dass solche Erkenntnisse fast immer aus Einsicht in Schuldzusammenhänge und Leid in unserem eigenen Leben oder in dem, was wir anderen zugefügt haben, geboren werden, und auch dann nur, wenn sich diese Erkenntnis verbindet mit dem Empfinden, trotzdem, trotz aller Schuld, nicht verloren zu sein. Wir sind zu dem bisschen Wahrheit, das uns vergönnt sein mag, nur fähig durch eine Art von Liebe, die trotzdem zu uns hält. Selbsterkenntnis und Wahrhaftigkeit sind gebunden an ein Vertrauen, das nur durch Liebe wachsen kann.

Und nun denke ich, es sei wesentlich, was die Religionen, insbesondere auch das Christentum, mit der Lehre vom ewigen Leben verbinden. Die Natur bedrückt uns beinahe, wenn wir glauben, dass wir in ihr irgendeine endgültige oder überhaupt nur gültige Antwort finden könnten. Die wirkliche Antwort auf die Frage unseres Lebens liegt in der Liebe, die in der Natur so schnöde widerlegt werden kann. Sie liegt in dem Suchen nach Wahrhaftigkeit jenseits all der Tricks der Überlebenskämpfe, der Mimikry und der Rollenzwänge, sie liegt in der Gradheit, zu uns selber zu stehen. Je mehr wir von uns selber verstehen, desto deutlicher verstehen wir auch die Menschen an unserer Seite, die Verbindungswege, die zwischen uns existiert haben, die untergründigen Wurzelverflechtungen zwischen scheinbar ganz verschiedenen Schicksalen. Plötzlich wird das ganze Nervengeflecht der Geschichte ins Vibrieren kommen. So stelle ich mir den Himmel vor.

*Brauche ich, um das zu begreifen, Kirchen?*

■ Was ich brauche, ist nicht irgendeine religiöse Organisation oder Institution. Was ich brauche, sind Menschen, die sich in ihrem Tun über Widersprüche hinweg nicht irremachen lassen und die dann einem Menschen, der wie ein Verlorener ist, mehr glauben, als dieser Mensch in seinem ganzen Leben sich selber oft hat glauben können. Solche Menschen schaffen Vertrauen, sie schaffen Glauben. Aber ich habe noch nie erlebt, dass irgendetwas religiös glaubhaft wird, wenn jemand sagt, ich tue dies und das, weil ich einer bestimmten Organisation zugehöre. Im Gegenteil, dann kann man schnell misstrauisch werden.

Eine kleine Anekdote dazu: Janosch, der Maler und Erzähler von „Überall ist Panama" und Autor vieler anderer Kinderbücher, ein nachdenklicher Mensch, katholisch erzogen, in Polen aufgewachsen, ein Mann, der die katholische Kirche durch ihre Sexualerziehung und durch die Schuldgefühle, die sie ihm gemacht hat, vor allem als Bedrückung kennen gelernt hat, dieser Janosch hat einmal gesagt, er habe bestimmte Tantiemen seiner Bücher an Mutter Teresa schicken wollen. Weil man ihm selber die Kindheit gestohlen hatte, hat es ihn beeindruckt, wie diese Frau Waisenkindern hilft. Als er aber von der Äußerung Mutter Teresas hörte, sie mache ihre Arbeit in Kalkutta, weil sie katholisch sei und dass sie es für diese katholische Kirche tue, transferierte Janosch alles Geld wieder zurück. Es war gerade noch möglich, schreibt er, und weiter: Ich glaube keinem irgendeine Menschlichkeit, die er zu Gunsten irgendeiner Partei oder Firma oder Kirche auf die Beine bringt.

Das ist auch meine Überzeugung: Wenn ich erst eine Organisationszugehörigkeit brauche, um Mensch zu werden, dann bin ich weit vom Menschen entfernt.

Ich bezweifle nicht, dass Organisationen eine gute Sache sind, um Aktivitäten und bestimmte Interessen zu bündeln und zu kanalisieren, ich gestehe zu, dass es solche Organisationen zahlreich geben sollte und dass es nicht egal ist, welchen Zielen diese Organisationen folgen – freilich unter einer Bedingung: Die Ziele dürfen nicht von den Institutionen her bestimmt werden, sondern die Institutionen müssen sich von den menschlichen Evidenzen bestimmen lassen. Die Kirchen könnten in diesem Sinn in der Tat nützliche Zweckverbände sein, wenn sie sich für wertvolle Ziele einsetzen würden, für Naturschutz beispielsweise oder für Tierschutz, für den Erhalt der tropischen Regenwälder, für den menschlichen Umgang mit Obdachlosen, Heimatlosen, Flüchtlingen, für die Unterstützung von Menschen, die, vom Hungertode bedroht, in eine Massenwanderung, eine Art zweiter Völkerwanderung, hineingeraten. Wären Kirchen solche Interessenverbände für die Not von Menschen und Tieren, dann wären sie hoch willkommen und erweisbar notwendig, es ginge dann auch nicht ohne sie. Solchen Verbänden zuzugehören wäre wichtig, und ich würde gerne meine Steuern dafür zahlen. Wenn sich allerdings zeigt, dass kein einziges dieser wichtigen Anliegen zentral ernstgenommen wird, wenn es in erster Linie um den Selbsterhalt dieser Gruppen geht, dann, behaupte ich, hat man etablierte Statusverbände mit abergläubigen Autostereotypen vor sich. Und darin sehe ich keinen Sinn.

# Glaube und Kirche

*Sehen Sie sich denn noch in dieser Kirche? Würden Sie sagen, ich, Eugen Drewermann, stehe noch in und zu der katholischen Kirche?*

Ich stehe in der Kirche gegen die Kirche. Ich bin auf die Theologie gekommen aus all den Motiven und Hintergründen, die wir besprochen haben. Ich habe nie erwartet, dass die Sprache von Jesus oder von Gott mir die Welt erklärt. Ganz im Gegenteil. Dafür habe ich die Physik, Chemie, Biologie mit Feuereifer gelernt, und ich habe nie erwartet, im Religionsunterricht vernünftige Fragen oder Antworten dazu zu hören. Ich war immer überrascht, dass sich da merkwürdige Rivalitäten auftaten, Unvereinbarkeiten deutlich wurden. In die Kirche, in die katholische Kirche bin ich durch Zufall hineingeboren. Mein Vater war evangelisch, meine Mutter katholisch. Sie mussten sich einigen, dass die Kinder katholisch zu werden hatten. Ich wollte mit siebzehn Jahren auf Grund der Lektüre von Sören Kierkegaard dringend Protestant werden und auch wieder nicht Kirchenmitglied im protestantischen Sinne, sondern wie Kierkegaard das sah – als ein Mensch, der als Individuum, als Person, entzündet durch die Wahrheit Jesu, die Freiheit lebt und wagt, die in ihm liegt.

Die Institutionen sind zumeist eine Ausrede für die Feigen, die nicht wagen, eigene Entscheidungen zu treffen, und in die

Herde zurück wollen. Das kann nicht Christentum sein. So dachte ich damals mit siebzehn Jahren.

Später dann als Priester meinte ich, es sei nötig, dass es auch gesellschaftlich Orte gebe, in denen Kranke, Schwache, Asyl finden könnten – im weitesten Sinne.

Und dann war der Weg zur Psychoanalyse eigentlich nur folgerichtig, geradezu notwendig. Um zu verstehen, woran die Menschen leiden, kann man ja nicht die reduzierte Anthropologie aus rationaler Psychologie und moralisch trainierten Willensentscheidungen zugrunde legen, die von der kirchlichen Moraltheologie vertreten wird. Die ganzen Dimensionen des Unbewussten, die tragischen Verschlingungen von Wiederholungszwängen, Reinszenierungen von Kindheitstraumata, das alles wollte ich kennen lernen, musste ich kennen lernen. Ich wollte nie wie die Kirche von *Sünde* reden, sondern von Hilflosigkeit, Verzweiflung, von Nicht-ein-noch-aus-Wissen, von Abgründigkeit. Das sind doch auch die Bilder der Bibel selber, wenn sie von Gottesferne (Sünde) und Verlorenheit (Hölle) spricht, und nicht der erhobene Zeigefinger: du musst aber jetzt dieses böse Handeln aufgeben und durch Buße und Besserung mit Unterstützung priesterlicher Lossprechungen zurückfinden zur Kirche. Mir war die Not der Menschen viel zu gewaltig, als dass ich die Kleinkariertheit ritualisierter Spielantworten daran hätte erproben wollen. Also habe ich später Bücher geschrieben, um die Erfahrungen mit einzubringen, die Menschen auf den Suchwanderungen ihres Lebens machen.

Nehmen wir ein Beispiel: Ich kann eine Frau, die in ihrer Ehe zwanzig Jahre lang gelitten hat, nicht ausgrenzen und vom Abendmahl ausschließen. Ganz im Gegenteil. Ich kann zeigen, dass, wenn jemand die Sache Jesu dringend braucht und bestens verstanden hat, so dass er sie auch mir als Theologen menschlich plausibel machen kann, es diese Frau ist. Für die hat doch Jesus all das unternommen! Für wen denn sonst? – In diesem Sinne habe ich geschrieben und in vielerlei anderer Hinsicht – gegen die Todesstrafe, für Priester, die mit dem Zölibat nicht zu Rande kommen, für Menschen, die als Verzweifelte an den Rand des Suizids geraten sind, für tragische Verwicklungen im privaten und öffentlichen Leben in jeder Form. Ich habe *Märchen* interpretiert, um zu sagen: da steht es ähnlich drin wie in der Bibel auch. Denn: Man sollte die Sprache des Alten und Neuen Testamentes so in die Gegenwart stellen, dass Abraham und Jakob Zeitgenossen werden, die in uns selber anzutreffen sind. Es ist eine spannende Sache, Religion zu haben und von Religion zu reden.

Ich habe Vorträge gehalten und immer wieder erlebt, dass Menschen ermutigt, mit sich mehr im Einverständnis, nach Hause gingen.

An all dem sehe ich bis heute keinen Fehler. Ich vergleiche meine Situation mit dem Bemühen der Bürgerrechtsbewegung in der alten DDR. Ich habe in der BRD gegen den Wehrdienst und gegen die Massaker an den Tieren mobilisiert, ich habe wirtschaftliche Strukturen, militärstrategische Ziele in Frage gestellt, genau wie die Bürgerrechtler in der alten DDR auch. Auf mich aber hat nicht der Staat reagieren müssen, dazu war er zu freiheitlich, aber die katholische Kirche, die in ihren Strukturen und in diesen Reaktionen offensichtlich sehr ähnlich dem Apparat der alten DDR ist. Sie reagiert auf das Interesse an meinen Überzeugungen mit Repression. In der Situation der Bürgerrechtler damals konnte es keine Lösung sein, „in den Westen zu machen". Sie waren innerhalb eines Systems angetreten für die Menschen, die in diesem System an diesem System leiden. Dieses System bekämpfen zu müssen und zu wollen – ohne aus dem System heraus zu können –, das gehörte für diese Bürgerrechtler paradoxerweise zusammen.

Ähnlich sehe ich meine Situation: Ich muss die katholische Kirche mit Kirchensteuern unterstützen aus den Tantiemen von Büchern, die die gleiche Institution – bis hin zum Schaufenster im Buchladen – unterdrückt. Freilich haben die meisten Menschen, für die ich mich engagiere, längst verstanden, dass es möglich ist, auch ohne die katholische Kirche frei zu sein. Und selbstverständlich auch, dass diese Freiheit möglich ist, ohne dass es mich gibt. Jemand, der nur frei wird, weil es ihm ein anderer sagt, ist kein freier Mensch.

Insofern will ich es auch nicht übertreiben. Ich halte für möglich, auch außerhalb der katholischen Kirche zu sagen, was ich längst schon denke: Jesus hat keine Kirche gewünscht und gegründet. Er hat Menschen erneuern wollen mit dem Vertrauen auf einen Gott, der der Vater aller Menschen ist. Diese Botschaft kann man nicht in regionalen Zweckverbänden, möglichst noch in Konkurrenz gegeneinander, verwalten. Gott ist größer als jede beliebige Kirche und jegliche Religionsorganisation. Der Widerspruch ist zweihundert Jahre alt. Friedrich Schiller stellte sich die Frage: Warum hast du keine Religion? Und er gab zur Antwort: „Aus Religion". Er wollte damit sagen: Wer begreift, was gemeint ist, wenn er von Gott redet, der kann nicht im Sinne haben, dass man Gott gewissermaßen kaserniert vorführt.

Dieses Missverständnis hat freilich sogar in der Bibel einen Niederschlag. Es gibt im 43. und 44. Kapitel des Ezechiel eine erstaunliche Szene. Der Prophet hat sich nach dem Desaster des babylonischen Exils vorgestellt, der Tempel in Jerusalem werde erneuert und wieder aufgebaut werden. Danach werde es so sein, dass von dieser erneuerten Religion ein Quellstrom ausgehe in alle Richtungen, wie im Paradies, das neu gefunden wäre, bis hinüber durch das Salzland der Araba zum Toten Meer hinüber. Selbst die feindlichsten Zonen beginnen wieder zu blühen. Eine schöne prophetische Vision! Wir haben sie im Alten Testament aber nun vorliegen nach der Weise der priesterlichen Interpretation: Wenn ein Tempel existiert, braucht man Kultdiener. Gott selber wohnt da, wo der Tempel ist, in seinem Heiligtum. Also organisieren die Priester eine Prozession, die Gott in den Tempel holt. Das geschieht durch den Osteingang. Wie vom Sonnenaufgang her zieht Gott in sein Heiligtum. Kaum jedoch ist das passiert, da mauern die Priester den Osteingang zu. Und nun sitzt Gott in seinem Heiligtum als ein Priester-Gefangener, so muss man denken. Die Priester besitzen ihn wie ein gefangenes Tier. Und der ganze religiöse Apparat hat zum Zwecke, diese Gefangensetzung Gottes den Gläubigen als das gute Recht, als ihre Frömmigkeit vorzuführen.

Es gibt klar erkennbar kaum einen schlimmeren Verrat an der Vision eines Propheten als diese Kasernierung des Göttlichen in seinem eigenen priesterverwalteten Heiligtum. Aber priesterliche Religion und dogmatische Festsetzung Gottes laufen auf dieses Ergebnis hinaus. Ich bin überzeugt: Die Stunde des Jeremia, des Ezechiel, ist heute längst gekommen. Gott braucht keinen neuen Tempel, er schreibt sein Gesetz in das Herz der Menschen. Das ist Jeremia 31. Der Prophet kann sogar sagen: Keiner mehr muss den anderen über Gott belehren, sondern Gott redet aus der Hand der Magd im Hof und aus dem spielenden Kind. Aus jedem. Es gibt nicht hoch und niedrig. Gott ist im Herzen der Menschen und spricht unmittelbar. Das ist es, was Jesus wollte. Das wäre der „Neue Bund.“ Und Gott würde am Ende all seiner furchtbaren Strafen selber feststellen, dass ihm nur noch das Verstehen und das Vergeben bleibt.

*Herr Drewermann, Sie haben sich wie kaum ein anderer deutscher Theologe mit den Naturwissenschaften auseinandergesetzt, hochqualifizierte Bücher geschrieben z. B. unter dem Titel „Und es geschah so“. Warum findet man diese Auseinandersetzung bei anderen Theologen gar nicht, oder kaum, oder nur ansatzweise? Ist das ein Stück weit auch die Angst, durch die Erkenntnisse der Naturwissenschaften in Frage gestellt zu werden?*

■ Ich kann das nicht generell behaupten. Aber Theologen, mit denen ich spreche, zeigen mir oft ein außerordentlich kleines und verängstigtes Bild vom Menschen, von der Welt, von der Geschichte, so dass ich schon der Meinung nahe stehe, dass der Faktor der Angst es als zum Selbsterhalt dienlicher scheinen lässt, bestimmte Fragen sich gar nicht erst zu stellen. Es ist so einfach geworden, nur die Bibelsprache weiterzureden. Es ist so leicht, nur die Standardbilder der Bibel weiterzubedienen und darin den Trost zu finden, Gott wolle es überhaupt nicht anders.

In Wirklichkeit leben wir längst in der Stunde des Hiob. Die Menschen leiden heute an Fragen, die das gesamte tradierte Frömmigkeitsschema sprengen. Das Buch Hiob im Alten Testament lässt einen Menschen erleben, dass alles das nicht wahr ist, was man ihm gesagt hat: Gott wirke durch die Geschichte und durch die Natur zu Lohn und Strafe über einen Menschen, er halte das gesamte Schicksal der Menschen für jeden Einzelnen in seiner Hand. Hiob findet, das könne so nicht sein. Das, was ihm wiederfahren ist, habe er nicht verdient. Es sei nicht gerecht. Aber wenn das so ist, gehört Gott auf die Anklagebank. Alle theologischen Zeitgenossen, die Freunde des Hiobs, fallen über ihn her: So vermessen darf er nicht sein! Aber es ist eine richtige Frage, und das Buch Hiob endet damit, dass Gott sich zu diesem Mann bekennt, der unabgeklärte, unabgegoltene Fragen stellt, einfach, weil sie wahr sind. All die Schwätzer haben geirrt, die über Gott nur das sagen, was all die Jahrhunderte vorher, beglaubigt von Propheten, Heiligen, Priestern, Traditionen und auslegenden Autoritäten, geglaubt, in Anweisung gegeben, ausformuliert und aufdoktriniert wurde. Hiob hingegen ist derjenige, der Gott findet, nach dem Zeugnis dieses erstaunlichen Buches.

Wir heute leben nach meinem Eindruck in den Tagen des Hiob. Das Buch Hiob endet – vom Kapitel 38 an – damit, dass Gott sich in der Natur noch einmal ganz neu zeigt. Das erste ist, dass Hiob aufgefordert wird, doch zu sagen: Wann kreißt eine Hindin in der Wüste? Wie hält der Orion sein Gürtelband zusammen? Hiob, du warst doch dabei, du weißt es doch! Nun sag endlich! Die Fragen werden so absurd am Ende und die Unwissenheit des Hiob so augenscheinlich, dass er schließlich wie ein kleines Kind in Ägypten seine Hand an den Mund legt und kein Wort mehr spricht. Es ist die Größe der nichtbegreifbaren Welt, die am Ende den Menschen wieder in ein neues Ordnungsgefüge zurückführt und ihm all das wieder schenkt, was er verloren zu haben meinte. Wir leben in einer Zeit, in der die Naturwissenschaften die überkommenen Antworten der Theologen wie der Wind den Spreu auf der Tenne verwehen. Es zeigt sich, dass in diesen

Hülsen nichts mehr ist. Und der Wind ist nur dazu gut, die Tenne zu reinigen.

Was heute um so mehr notwendig ist: Wir müssen in der Wiedergewinnung der eigentlich religiösen Fragen weiterkommen. Die Theologen hätten sich nie einbilden dürfen, Antworten zu haben, die richtiger oder besser wären als die naturwissenschaftlichen Antworten. Sie hätten nie glauben dürfen, die Naturwissenschaft sei lediglich eine geodätische Landvermessung auf dem Wege zu dem, was die Theologen am sicheren Port immer schon wissen. Es war falsch, von den Naturwissenschaften zu meinen: die sind nur noch nicht so weit wie wir, die forschen noch, aber im Grunde fahren sie auf einem Meer herum mit Schiffen, die allemal in dem Hafen ankommen werden, wo Petrus jetzt schon als Fischer selig unter den Seligen sitzt. So kann es nicht sein.

Ziel der Theologen sollte die Wiedergewinnung des religiösen Ausgangspunktes sein, ganz im Sinne der Existenzphilosophie im 20. Jahrhundert. Heidegger, Bultmann, Tillich sind hier eine Orientierung, noch viel mehr Sören Kierkegaard, mein großer Lehrmeister. Er hatte um 1830 schon das richtige Wissen, dass die Verquickung von Naturphilosophie und Theologie speziell im Hegelianismus zum Irrweg wird. Sören Kierkegaard war der Meinung, dass ein objektiver Gott kein Gott sein kann, sondern nur ein Theologenpopanz. Die Gottheit Christi lässt sich nicht historisch beim Lesen des Neuen Testamentes beweisen. Und die Gottheit Gottes finden wir nicht beim Herumlesen im Buche der Natur, das war Sören Kierkegaard sonnenklar. Glauben bedeutet etwas im Subjekt des Menschen Festzumachendes. Darin muss die Frage der Theologie sich heute erneuern.

*Heißt das, jeder Mensch muss seinen persönlichen Weg, seinen persönlichen Zugang zu Gott finden? Was, im Zeitalter der Genetik, denken Sie vom Menschen?*

▪ Anders gibt es überhaupt keinen Zugang zu Gott. Gott als Person will nicht Musterblätter, die wir aus dem Katechismus reißen, sondern ein persönliches Leben, das beschrieben wird mit dem Dialog, den jeder Einzelne mit seinem Gott führt. Anders kann es nicht sein. Oder wir finden nicht Gott als Person, sondern einen Kirchengötzen, eine ideologische Projektionsfigur. Wir brauchen die Religion um so mehr, als die Naturwissenschaften deutlich zeigen, dass es gerade die wichtigsten Fragen sind, die sie kategorisch nicht beantworten können. Die Naturwissenschaften sind darin großartig und bedeuten eine enorme Expansion unseres Wissens, dass wir die Frage auf das „warum" immer differenzierter, immer kohärenter, immer methodisch stringenter auf all den Ebenen der Wirklichkeit zu beantworten vermögen. Aber was wir mit keinem Punkt beantworten können, ist das „wohin" im Raum unserer Freiheit und Entscheidung.

Und was sollen wir jetzt damit tun?

Wir sind seit 1952 imstande, das Genom des Menschen nach und nach zu verstehen, zu lesen, durchzubuchstabieren. Wir sind weit davon entfernt, das Buch der Gene wirklich in seinem Sinn zu begreifen, aber wir können die Buchstaben lesen, Teile von Silben, sogar manche Wörter – ganze Sätze noch lange nicht, ganze Kapitel noch lange nicht, aber wir sind dabei, die Anfangsgründe wie Erstklässler zu buchstabieren, und schon fangen wir an herumzuspielen, wie kleine Kinder mit dem Lego-Baukasten; wir sind gleich dabei, die Buchstaben der Natur probeweise anders zusammenzusetzen, den

Roman des Lebens umzuschreiben, zu „verbessern". Natürlich, wir haben nicht das mindeste Recht dazu, schon weil wir gar nicht wissen, was die Folgen sein werden. Wie aber sollen wir jetzt mit unserem Anfangswissen umgehen, wenn wir sehen, beispielsweise, dass Chorea Huntington eine Krankheit ist, die durch einen bestimmten genetischen Fehler entsteht? Was sollen wir machen, wenn wir sehen, dass die Zuckerkrankheit genetisch bedingt sein kann? Gesetzt, wir können durch Genchirurgie diese offenbaren Fehlerstellen korrigieren. Sollen wir das dann tun? Und wie sollen wir das tun? Wie weit darf medizinischer Gebrauch unserer genetischen Kenntnisse zum Wohl von Menschen eingesetzt werden?

Sofort gehen die Fragen weiter. Was dürfen wir tun mit den Tieren? Wie weit dürfen wir Veränderungen, die keinen Krankheitswert haben, aber unter bestimmten kulturellen oder wirtschaftlichen Bedingungen ein Stückchen ungünstig sind, durch entsprechende genchirurgische Veränderungen, wie wir meinen, verbessern?

*Oder wie weit dürfen wir Pflanzen gentechnisch verändern?*

▪ Man kann zeigen, dass wir gerade dabei sind, Mais genetisch zu verändern. Im Jahr 2000 war in der Bundesrepublik zu entscheiden, ob wir das machen dürfen. Ein herbizid-resistenter Mais wäre scheinbar ein großer Vorteil. Das Problem ist nur, dass es eine Insektenart, den Maiszünsler, gibt, der dabei aussterben wird. Und wenn das geschieht, werden auch andere Schmetterlingsarten aussterben, dann werden bestimmte Vogelarten aussterben. Wo ist eigentlich das Ende des Sterbens? Wir haben da vielleicht nur eine einzige Pflanze zu einem ganz bestimmten Betriebsvorteil unserer Agrarindustrie manipuliert. Und dabei haben wir keine Ahnung, wie die Folgewirkung sein wird. Nicht einmal das Vertrauen, dass wir nur auf begrenzten Feldern den veränderten Gen-Mais einsetzen, hat irgendeine Zuversicht, weil dicht daneben schon ein Biotop sein kann, in dem die Folgen sich auswachsen werden.

Ein anderes Beispiel: Wir haben vor relativ kurzer Zeit den Doppel-Null-Raps sehr gelobt, bis wir feststellen mussten, dass z. B. Hasen über riesige Strecken zu dem Doppel-Null-Raps laufen. Er enthält bestimmte Bitterstoffe nicht. Er schmeckt den Hasen sehr gut. Nur, ihr ganzer Verdauungsapparat kommt damit nicht zurecht. Sie sterben. Rehe fressen Doppel-Null-Raps und werden daran blind. Das alles haben wir vorher nicht gewusst. Wie denn auch? Aber dürfen wir eigentlich lauter Dinge machen, von denen wir nicht wissen, was daraus wird?

Die Situation ist ähnlich verrückt, wie wenn wir in einem Auto sitzen, einem schönen Mercedes, und steigern die Geschwindigkeit von 180 auf 220, 260, was der Motor hergibt, beim Nebel auf der Autobahn. Bloß weil wir nichts sehen, bilden wir uns ein, dass da auch keine Hindernisse seien. Ein Fahrer, der mit solcher Tollheit fährt, riskiert nicht nur sein Leben, sondern auch das seiner Zeitgenossen fahrlässig. Genau das aber ist es, was wir machen. Wir sehen keine Hindernisse und halten es also für verantwortlich, das Tempo ständig zu erhöhen, mit dem wir die Welt verändern, an jeder Stelle, wo wir es angeblich müssen.

Das Problem ist im übrigen in meinen Augen nicht in erster Linie ethisch, sondern vor allem durch die Art, wie wir heute Wissenschaft oder Wissen produzieren, bedingt. Wir brauchen riesige Investitionen, mit denen wir Forschungsprojekte

vorfinanzieren, und dann setzen wir natürlich die For-
schungsergebnisse wieder ein, um nicht nur die Investitionen
zurückzuspielen, sondern aus viel Kapital noch viel mehr Kapital zu machen. Wenn es schon ein Forschungsministerium
gibt, sollten die wirklich wichtigen Forschungsprojekte zweckfrei vom Staat demokratisch kontrolliert finanziert werden,
und nicht von profitabhängigen, profitgierigen Firmen.

*Also Geld contra Ethik?*

▓ Geld kontra Ethik – und die Wissenschaft zweckentfremdet,
indem sie nur der Ausdehnung unseres Herrschaftswissens
nützen soll. Die herrschende Devise heißt: Herrschaft über
die Natur zum Zwecke besserer Ausbeutung der Natur und
zur Gewinnmaximierung. Genau das muss sich ändern.

# Naturwissenschaften brauchen Religion

*Der Zweck heiligt die Mittel?*

Wir haben heute Wissenschaft nicht mehr in der Art, wie sie zum Beispiel Michael Faraday noch vor sich sah – der Mann, der James Clerk Maxwell die Grundlagen des Elektromagnetismus geliefert hat. Ihm graute vor der Vorstellung, dass man die ganze Welt nur ausdehne, um Geschäfte zu machen. Ihm schien das primitiv und niedrig, und so verschrieb er sich der Wissenschaft, der Physik. Diese schien ihm ein Ort, an dem man zweckfrei Erkenntnisse sammeln, Wissen vermehren, objektives Betrachten lernen, an dem man Ehrfurcht gewinnen könnte vor den Zusammenhängen der Welt. Wenn das Wissenschaft einmal war, noch vor 160, 170 Jahren, was alles hat sich dann geändert?

Wir hatten diese Diskussion ja noch in den Fünfziger Jahren: Dürfen Wissenschaftler Erkenntnisse sammeln, die sie dann offensichtlich Verrückten zur Verfügung stellen? Die Kernspaltung beispielsweise in den Händen von offensichtlich wahnsinnigen Machtpolitikern, die damit in die Lage versetzt werden, die ganze Welt in die Luft gehen zu lassen? Irgend ein Wahn von Gerechtigkeit, von Macht oder Demokratie oder Fortschritt oder US-Imperialismus kann zur Rechtfertigung der Ermordung Hunderttausender von Menschen dienen. Selbst Jesuiten wie die Moraltheologen Gundlach und Hirschmann konnten 1956 im Deutschen Bundestag die Meinung vertreten, dass es unter Umständen eine Manifestation des göttlichen Gerechtigkeitswillen sei, einen Atomkrieg vom Zaun zu brechen. Man stelle sich vor: Mit Wasserstoffbomben, Atombomben, mit 50 bis 150 Millionen toten Menschen beim ersten Atomschlag, je nach Winddrehung, Krieg führen! Im Namen Gottes! Solche Vorstellungen haben ja mitten unter uns existiert, und es gibt sie noch! Man höre George W. Bush!

Was darf ein Naturwissenschaftler überhaupt noch erkennen, wenn seine Erkenntnis mit aller Sicherheit in die Hände von Wahnsinnigen fällt? Was wir brauchen, ist ein Korrektiv, das darin besteht, dass die Naturwissenschaften kontrolliert würden durch eine vertiefte Ethik auf der Basis einer erneuerten Religion. Und wir bräuchten dazu die Definition von zweckfreien Räumen der Forschung und des Wissens. Wir bräuchten einen langen Proberaum, den wir durchlaufen müssten, um herauszufinden, was wir aus dem gefundenen Wissen nunmehr praktisch nutzen könnten. Was bedeutet überhaupt Nutzen für den Menschen oder die Menschheit? Wem eigentlich soll was nützen? Einem bestimmten Konzern oder wirklich einmal den Menschen? Und welchen Menschen eigentlich, allen oder nur bestimmten?

Solche Fragen haben wir schon lange. Die Naturwissenschaften jedenfalls basieren auf Erkenntnissen, die allen zugänglich sind. Die Sprache der Natur ist die Sprache der Vernunft – Mathematik, Logik, Kausalsatz. Etwas, das durch die Erkenntnis allen Menschen zugänglich ist und allen gehört, darf in keinem Falle so verwandt werden, dass Partikularegoismus, Gruppenegoismus die unmittelbaren Folgen sind. Wir dürfen die Naturwissenschaften nicht vernutzen auf einem Niveau, das weit unterhalb der Voraussetzungen der Gewinnung naturwissenschaftlicher Erkenntnisse liegt.

Wenn das so ist, bräuchten wir die Religion, weil sie uns etwas zu sagen hat, das die Naturwissenschaften uns nicht sagen können. Wir bräuchten die Religion mithin dringlicher als vorher. Aber wir brauchen sie nicht länger in Konkurrenz zu den Naturwissenschaften, sondern zur Befreiung der Naturwissenschaften von dem Zwang, unter dem sie sich gesellschaftlich heute befinden.

*Ich möchte noch einmal nachfragen, es scheint ein wichtiger Punkt zu sein. Sie sagen: Wir brauchen in diesem Stadium der naturwissenschaftlichen Erkenntnisse die Religion stärker als je zuvor. Noch einmal auf den Punkt gebracht: Was kann Religion in dieser Frage leisten? Warum ist sie heute unverzichtbar?*

■ Zunächst einmal möchte ich erläutern, warum die überkommene Theologie sich im Kontakt mit den Naturwissenschaften so schwer tut. Was tut die verfasste Religion heute denn? Ist sie im Defensivzustand oder Panikzustand? Ihre Einmischungen in die naturphilosophischen Zusammenhänge sind nach und nach abgebaut. Steven Weinberg, Atomphysiker und Nobelpreisträger, hat vor Jahren schon betont, wie erstaunlich es ihm erscheine, dass sich das menschliche Wissen zur Erklärung der Natur überraschend weit, er drückt sich vorsichtig aus, entfalten konnte, ohne irgend einen Gott zu benötigen. Und die naturwissenschaftliche Methodologie ist im Grunde methodisch gebundener Atheismus. Kein Physiker wird irgendeine Antwort aus der Natur zulassen, für die man einen Gott benötigt. Das wäre erkennbar keine wissenschaftliche Antwort, und es kann strukturell keine wissenschaftliche Antwort sein. Die Theologen müssen sich daran allerdings erst gewöhnen. Sie müssen speziell die Ideen von dem Gott, der überall eingegriffen hat, damit dies und das geschehen konnte, die Welt entstehen konnte, der Mensch entstehen konnte, Christus entstehen konnte, ein für allemal hinter sich lassen. Dass sie das nicht tun, bedeutet, dass sie immer noch bestimmte Bastionen halten, sozusagen, wie am Rheinufer die alten Ritterburgen noch dastehen, und darin hausen noch ein paar Gespenster, die meinen, dass sie die Schlossherren wären. So ähnlich kommt mir der Zustand der Theologie heute vor.

In diesem Zusammenhang werden auch alte moralische Bastionen gehalten.

Dahin gehört im Übrigen die vorhin gestellte Frage der Empfängniskontrolle, die mit chemischen Mitteln beispielsweise oder mit künstlichen Mitteln nach katholischer Auffassung nicht durchgeführt werden darf. Man denkt sich immer noch die Welt wie in agrarischen Gesellschaften vor 150 Jahren, dass viele Kinder ein Gottessegen seien. Das war einmal vielleicht richtig. Zur Zeit Goethes waren zehn bis zwölf Kinder noch eine Normalität. Freilich bei einer Kindersterblichkeit von fünfzig Prozent.

*In islamisch geprägten Gesellschaften aber ist die Freude über den Kindersegen auch heute noch Realität. Wie sollen wir mit der Natur verfahren? Was ist uns noch heilig?*

■ Allerdings ebenfalls bei einer erheblichen Kindersterblichkeit, die uns fahrlässig vorkommt unter zivilisierten Bedingungen und die ihren Grund hat in schwierigen sozialen und wirtschaftlichen Verhältnissen.

In diesem Zusammenhang einer geistigen Ungleichzeitigkeit kann man verstehen, dass der Aufschrei der Kirche dahingeht, dass die moderne Genetik Gott in die Arme falle, dass sie prometheisch hybrid sei, dass sie sich vergreife an den Grundlagen der Schöpfung.

Ich glaube, dass wir aufhören sollten, so punktuell zu argumentieren und zu denken. Nötig scheint mir, dass wir im angegebenen Sinne die Religion neu bestimmen, indem wir das Verhältnis Mensch und Natur auf Grund der Entdeckungen von Kopernikus, Darwin, Freud, Einstein vertiefen. Eine Ethik, die die Natur als ganze im Blick hat, nicht nur die Wahrung der Sonderinteressen der Spezies Mensch, muss imstande sein, Räume der Natur zu öffnen, die dem menschlichen Nutzdenken vorenthalten sind. Arnold Gehlen hat einmal gesagt, heilig sei etwas, das eine Selbsttranszendenz ins Diesseits aufweise. Er wollte sagen, wo die Erfahrung in diese Welt einbreche, dort sei etwas, das sich aus der Welt selber nicht ableiten und erklären lasse, da erführen Menschen etwas Heiliges. Das sind all die Stellen, an denen ihnen deutlich wird, dass Lebensgrundlagen berührt werden. Den mexikanischen Indios etwa war der Mais heilig, weil sie vom Mais lebten, und den Indern waren die Kühe heilig, weil sie von und mit den Kühen lebten. Und den Ägyptern der Weizen, weil sie davon lebten.

Wir könnten heute aus vielen Gründen längst begreifen, dass wir von einer Natur leben, die immer weiter bedroht wird, wenn wir sie nicht vor dem Menschen schützen. Dazu zählen die tropischen Regenwälder, die Polarkappen, dazu zählen große Teile der Weltmeere, dazu zählen Naturschutzgebiete wie die Serengeti. Das sind Orte, wo wir noch lernen können, was Natur ist, wo die Wiege, aus der wir selber im Strom des Lebens entstanden sind, steht. Wir brauchen diese Räume, um zu leben, um kennen zu lernen, was Leben ist, um uns selber zu verstehen. Mir scheint eine erweiterte religiös fundierte Ethik unbedingt die Notwendigkeit aufzuerlegen, dass wir Heiligtumsräume in der Natur ansiedeln, Kathedralen der Natur, wo menschliches Nutzdenken einfach keinen Platz hat, wo die Natur sich öffnet für jemanden, der sie erkennen will, der in ihr weise werden will, aber nicht für jemanden, der sie noch besser ausbeuten will. Wenn das die Religion leisten könnte, wäre in meinen Augen eine wunderbare Synthese zwischen Naturwissenschaften und Religion möglich.

*Wäre damit nicht auch die Konkurrenz der Religionen aufgehoben?*

■ Wir hätten damit sicher ein Desiderat, das von Buddhisten, von Hindus insbesondere, genauso geteilt werden könnte, verwirklicht. Die biblischen Religionen: Judentum, Christentum, Islam, tun sich bei diesen veränderten Denknotwendigkeiten bis heute sehr schwer. Aber im Gespräch mit Muslimen fällt es mir leicht zu sagen, wie viele Suren im Koran den Namen von Tieren tragen. Warum soll der Islam nicht für ein ökologisches Denken offen sein? Nur weil im biblischen Grundgedanken freilich die Bewahrung der Schöpfung kein so elementares Bedürfnis darstellt – auf dem Hintergrund von Wüstenerfahrungen, die kontrastieren mit den Erfahrungen der Menschen im milderen Klima der Subtropen in den indischen Kulturen und Religionen?

Wir sollten das Erbe und das Wissen aller Religionen benützen und müssen es tun, weil keine Religion bis heute imstande war, den ganzen Menschen zu definieren. Jede Kultur konnte nur bestimmte Aspekte vom Menschen zum Hauptthema ihrer Selbstauslegung machen. Kein Aspekt vom Menschen aber ist der ganze Mensch. Im Gegenteil. Die Absolutsetzung bestimmter Seiten vom Menschen macht den so definierten Menschen selber unheimlich und gefährlich für alle anderen Menschen und Kulturen. Wir gehen heute unausweichlich auf *die* Menschheit zu, und wir brauchen deshalb ein Bild von *dem* Menschen. Dazu behilflich, ihn zu finden, müssen alle Religionen im Dialog miteinander sein. Aber wir werden die Ökumene der Religionen nicht finden, ohne dass wir die große Ökumene des Lebens vor Augen haben. Ich glaube nicht, dass wir im Gespräch zwischen Katholiken und Protestanten und speziell jetzt zwischen Christen und Juden besonders weit kommen, ohne dass wir das Konzert der gesamten Religionsgeschichte hören, in dem wir in allen Formen des Menschseins gemeinsam sind, und wenn wir nicht begreifen, dass die Gefühle, denen wir die Religion verdanken, nebst den Ausdruckshandlungen, in denen wir religiöse Riten dargestellt finden, auf dem Hintergrund der Entwicklung des Lebens schon in der Tierreihe zustande gekommen sind. Es lässt sich leicht zeigen, dass z. B. die Kniebeuge eines Priesters sehr zu tun hat mit dem, was wir aus dem tierischen Verhaltensrepertoire vor uns haben. Rudolf Bilz hat in den 40er Jahren schon darauf hingewiesen, dass ein Priester, wenn er beim Beten die Arme ausstreckt, eigentlich sich anklammert an einen unsichtbaren Baum, dass er mithin eine Sicherungsrichtung in der Vertikalen sucht. Da ist etwas lebendig, das sich nur verstehen lässt auf dem Hintergrund von fünfzig Millionen Jahren Evolution. Würden die Vorfahren der Primaten nicht vor fünfzig Millionen Jahren in Form der Tupaiden, eichhörnchenähnlicher Lebewesen, auf die Bäume gegangen sein, um Insekten zu jagen, später um dort Früchte zu finden, hätten die Bäume für uns niemals die Bedeutung von Nahrungsquellen, von Sicherungsorten, und dann wäre auch nicht die Sicherungs- und Fluchttendenz des Menschen in die Vertikale gerichtet. Selbst wenn wir steppenbewohnenden Jägern, wie den Wölfen, ausweichen, können wir es nicht anders, als dass wir auf die Bäume gehen und diese Fluchtdistanz in der Höhe suchen. Nur weil das so ist, ist uns das Kreuz beispielsweise ein plausibles Symbol, ist die Gebetsrichtung für uns Menschen nach oben orientiert, richten wir die Hände zum Himmel, wenn wir zum Himmel flehen, ist der Himmel über uns überhaupt ein Ort zum Aufschauen.

Diese simpelsten Orientierungen, die die Religion mitbringt, stammen, wie man sieht, aus dem Erbe, dem Repertoire der Evolution der Säugetiere und unserer unmittelbaren Vorfahren. Nur weil das so ist, gibt es Religion. Wir verdanken die Religion, die wir im Herzen tragen, diesem langen Weg des Lebens, aus dem wir selbst hervorgegangen sind. Es ist eine ganz große Verkürzung, die die Theologen verschuldet haben, dass sie so tun, wie wenn Religion etwas wäre, das, wie vom Himmel fallend, plötzlich zu einem bestimmten historischen Zeitpunkt in die menschliche Geschichte gekommen wäre.

Die Naturgeschichte des Menschen ist viel größer als die Menschengeschichte im Raum der Natur. Und wir begreifen den Menschen nicht wirklich, wenn wir nicht das große Konzert der Natur in seiner Seele aufgeführt hören. Die Psychoanalyse war ein erster Weg, Darwin und die Psychologie miteinander zu verknüpfen. Die Religion muss darauf antworten. Ich staune, wie es immer noch Theologen gibt, die zufrieden damit zu sein scheinen, wenn sie historisch-kritisch die Bibel erforschen, wenn sie bestimmte Fakten aneinander reihen können und im Grunde sich um den Menschen und um das, was in ihm vor sich geht, nicht kümmern.

# Religion ist emotional

*Sie sprechen von den Gefühlen der Religion: Ist Religion nicht im Wesen affektiv und emotional begründet?*

▪ Unbedingt. Und wenn Sie sagen: emotional und affektiv, dann lässt sich das nur verstehen durch all das, was wir aus den Tieren in unserer Seele spüren und von ihnen übernommen haben. All die großen Gefühle teilen wir mit den Tieren.

Nehmen Sie ein so wichtiges Gefühl wie Angst. Es ist ein Warnsignal in der Biologie vor bestimmten Gefahren. Doch ein Tier, das Angst erlebt, *hat* nicht Angst, es *ist* Angst. Sein ganzer Körperzustand ist darauf angelegt, in Bruchteilen von Sekunden durch Flucht oder Angriff auf bestimmte Gefahrensituationen zu antworten. Wir Menschen erleben Angst ganz genauso. Der einzige Unterschied ist, dass wir Angstsituationen simulativ uns vorweg vorstellen und kalkulierend Antworten darauf finden können. Im Unterschied zu den Tieren sagt uns die Vernunft aber nicht nur, wie wir mit situativen Gefahrenmomenten umgehen können, sie sagt uns im ganzen, dass wir endgültig in der Falle sitzen. Vor der Angst vor Gruppenverlust, vor Einsamkeit, vor Krankheit, vor Alter wird uns keine Macht der Welt letztendlich schützen. Irgendwann, so oft wir auch dem Tod von der Schippe gesprungen sind, wird der Kondor kommen, und er wird niederstoßen. Es gibt kein Entrinnen. Für uns Menschen sind dieselben Ängste im limbischen System kodiert wie bei den Tieren. Sogar die

Angstsituationen sind genau dieselben. Das einzige, was uns von den Tieren unterscheidet, ist der Umstand, dass wir unseren Raum möglicher Antworten enorm erweitert haben und gleichzeitig die Endgültigkeit der Angst kennen.

Eben deswegen brauchen wir nun Religion, weil wir die Angst, die wir aufgrund des Verstandesgebrauchs haben, mit uralten Situationen verbinden, für die es in der Natur keine Antwort gibt. Das Paradox der Religion ist dieses: Sie benützt Bilder, die im Grunde auf alte Sicherungssysteme zur Beantwortung tierischer Angsterlebnisformen zurückgehen. Ein Äffchen beispielsweise wird sich sicher fühlen, wenn es einer Schlange ausweicht, indem es mit affenartiger Geschwindigkeit am Baum nach oben klettert. Dieser Baum ist eine reale Sicherung für das Erleben eines Äffchens; wo ein solcher Baum ist, braucht es vor einer Schlange keine Angst mehr zu haben, und sobald es oben in den Wipfeln ist, hat die Angst sich auch schon beruhigt. Wir Menschen wissen, dass die Schlange, biblisch gesprochen, nicht ein einzelnes Tier ist, sondern eine Gefahr im Untergrund unserer Existenz darstellt, die uns irgendwann einholen wird. Sie wird ihr Maul öffnen, und wir können ihr nicht entrinnen. Weil wir das wissen, verwandelt sich das Bild einer momentanen Gefahr in ein Symbol für eine unvermeidbare Gefahr. Und dann setzen wir ein neues Bild dagegen. Wir sprechen jetzt davon, dass der Baum des Lebens oder der Baum des Kreuzes eine wirkliche Sicherung sei gegen den Tod, der permanent ist.

Wir reden in der Religion also eine Sprache, die geboren wurde im Erleben von Tieren, die wir aber symbolisch auf der Ebene der Infragestellung unserer Existenz als Antwort in ein Bild für Ewiges verwandeln. Das ist ein Trick, wenn man so will. Sie können sagen: Die Gefühle im limbischen System werden gewissermaßen verunendlicht durch eine Infragestellung beziehungsweise eine Erlebnisform, die vom Neocortex kommt; dann aber benützt die Religion Bilder aus dem limbischen System, um die Fragen zu beantworten, die im Neocortex entstehen. Ganz simpel bedeutet das: Religion muss man denken *und* fühlen dürfen, sonst stimmt sie nicht. Und menschliches Leben, das weder denkt noch fühlt oder das Gefühle verbietet, um rationalisierten Ideologien zu folgen, zerstört, statt aufzubauen.

*Kann man daraus schließen, dass einem Menschen, der nicht religiös ist, etwas fehlt? Würden Sie sagen: Jeder Mensch ist von Natur aus religiös? Braucht jeder Mensch Religion?*

■ Die Frage ist schwer beantwortbar, weil mit Religion heute meist definierte Inhalte und Lehrsysteme verbunden sind; im Sinne des erwähnten Zitats von Friedrich Schiller gibt es wirklich viele Menschen, die keine Religion haben, gerade weil sie sehr religiös sind. Ich glaube, dass ohne eine religiöse Dimension ein Mensch nicht leben kann.

Mir scheint es eine große Gefahr, dass wir Naturwissenschaft auch dazu verwenden können, eindimensional überhaupt nur noch die Welt der beantwortbaren Fragen zuzulassen. Die Folge ist dann eine rational erklärte Welt, in der Gefühle ausgeschaltet sind. Eine solche Welt ist deshalb gefährlich verkürzt, weil alles, was wir Wert nennen, aufruht auf Gefühlsevidenzen. Max Scheler hat schon um 1910 ganz richtig in Antwort auf Kants formalisierte Ethik gemeint, dass Moral auf Wertfühlen basiere. Jeder Pädagoge in der Schule wird feststellen: Kinder, die sich asozial verhalten, die sehr rücksichtslos und skrupellos sind, leiden unter Wertblindheit. Aber nun entsteht das Problem, dass man ihnen die Augen für bestimmte Werte nicht öffnen kann, indem man ihnen sagt: dies ist ein Wert. Wenn ein Kind nicht fühlt, dass z. B. ein Kätzchen etwas äußerst Wertvolles ist, weil es doch lebt, weil es doch Empfindungen hat, dann wird ein solches Kind nichts dabei finden, eine Katze zu quälen. Oder es wird sogar einen Erkenntniswert darin sehen, herauszufinden, wie die Katze reagiert, wenn man sie quält. Ein Forscher im Labor wird dem sehr beipflichten. Für ihn hat die Katze keinen Wert; sie ist ein Forschungsobjekt, also wird er mit ihr machen, was er will, und die Schmerzen der Katze haben für ihn vielleicht wirklich einen bestimmten Erkenntniswert.

Die Frage stellt sich deshalb: was hat für Menschen Wert und was soll für Menschen Wert haben? Diese Frage ist ganz identisch damit, was wir selbst für Menschen sind, wie tief unsere Gefühle gehen. Nach allem, was wir gesagt haben, sind es die Gefühle, die uns Menschen mit den Tieren verbinden, die uns die ganze Natur an unserer Seite zugänglich machen. Der Verstand tut das nur mittelbar. Wir können mit Hilfe der Mathematik uns auf einfache Weise Zusammenhänge der Natur klarmachen, aber die Natur selber rechnet nicht. Das tun nur wir Menschen. Es gibt aber Lebewesen in der Natur, die fühlen ganz erkennbar so wie wir. Da gibt es eine viel ursprünglichere Verwandtschaft von Mensch und Natur, als sie in der Sprache der Naturwissenschaften mit Hilfe von Mathematik und Experiment erzielbar ist.

Um nun auf die Religion und speziell auf das religiöse Gefühl zurückzukommen: Wir sollten von Gott so sprechen, wie Jesus es tat: gefühlsnah und dichterisch. Gott führt Menschen zusammen, statt Menschengruppen voneinander abzugrenzen. Wenn Religion sich so versteht, dann eint sie auch im Menschen das Bewusstsein und das Unbewusste, das Denken und das Fühlen. Religion ist ein Ort der Integration des Menschen mit sich selber, psychisch, und der Menschen untereinander, interkulturell, und des Menschen mit der Natur, ökologisch. Diese drei Integrationsvorgänge zu leisten, darin sehe ich die Hauptaufgabe der Religion.

*Ist dieses Fühlen nicht eminent wichtig für so etwas, was wir Gewissen nennen?*

▪ Unbedingt. Denn über das Wertgefühl entstehen auch Handlungsvorschriften, entstehen vor allem Tabuvorschriften. Es gibt bestimmte Dinge, die darf man einfach nicht machen oder man handelt gegen sein Gefühl, gegen sein besseres Wertempfinden; man müsste etwas in sich zerstören, um zerstörerisch mit einem Lebewesen zu verfahren, beispielsweise mit einem Tier, mit einem Menschen. Aus dem Gefühl heraus legen sich bestimmte Verhaltensweisen nahe und verbieten sich bestimmte Verhaltensweisen. Eben deswegen scheint mir das so wichtig, dass wir auch in der Religion die Sprache des Gefühls wieder ernst nehmen. Die ganze Psychoanalyse ist in meinen Augen ein solcher Weg gewesen, um durch den neurotischen Schutt wieder an die Quellen heranzukommen, in denen das lebendige Wasser von Gefühlen erneuernd fließen könnte.

# Gott – der Schöpfer

*Kommen wir noch mal auf das Grundthema „Schöpfung" zu sprechen. Wir lernen zu sagen: „Gott, Schöpfer des Himmels und der Erde". Was verstehen wir darunter, was sollten wir darunter verstehen?*

▪ Es gibt in der Bibel beispielgebend eine dramatische Szene. Der Prophet Jona ist auf der Flucht vor Gott. Er soll Ninive den Untergang ansagen, und er hat Angst vor dieser Auseinandersetzung und will auch als Jude diese Aufgabe der Rettung der Heidenvölker im Grunde nicht übernehmen. Er hat sich ein Schiff nach Tarsis genommen, und Gott lässt einen großen Wind auf das Meer fallen. Die Seeleute versuchen, dagegen anzurudern und zu kämpfen, aber sie beginnen zu ahnen, dass Jona im Zusammenhang mit diesem Ungewitter steht. Der Kapitän holt ihn an Bord. Jona wird durchgefragt nach seiner bürgerlichen Existenz, nach Herkunft, Beruf, Land und Volk. Auf all das antwortet Jona im Grunde aber überhaupt nicht, sondern er erklärt: Ich bin ein Hebräer, und ich glaube an Jahwe, den Gott des Himmels, der Meer und Festland gemacht hat. Das Unglaubliche ist, dass die Existenz und Identität des Jona sich an dieser Stelle gerade nicht durch die Fragen definiert, die wir an Menschen richten.

Wie erklären *wir* eine Person? Indem wir sein Genom durchchecken, indem wir die psychologischen Erfahrungen der frühen Kindheit subsumieren und strukturieren und die Milieueinflüsse des sozialen Umfeldes eruieren.

Jona indessen erklärt: Was ich bin, ergibt sich durch das Gegenüber Gottes. Und nun spricht er eine Formel, die im Alten Testament oft gebraucht wird. Es gibt den *Gott des Himmels.* Raffaele Pettazzoni hat vor vielen Jahren einmal gezeigt, dass diese Vorstellung bei allen Völkern der Erde verbreitet ist und sich verknüpft mit der Vorstellung, dass Gott alles sieht, dass man ihm nicht entweichen kann, dass es unmöglich ist, aus dem Bewusstsein Gottes herauszufallen. Für Jona ist dies das höchst Bedrohliche: Er kann Gott nicht entrinnen! Andererseits gibt es viele Psalmen, die genau darum bitten, Gott möge niemals wegschauen. Menschen ringen darum, ein Ansehen bei Gott zu behalten. Die Formel, die Jona im Folgenden gebraucht, ist für das Alte Testament höchst ungewöhnlich: Gott hat Meer und Festland geschaffen. Die beiden Worte zeigen in diesem Zusammenhang, dass es überhaupt nicht darum geht, im äußeren Sinne zu sagen, das Meer komme von Gott, das Festland komme von Gott. Was Jona sagen will, ist etwas Hochsymbolisches, es liegt in der Mitte der religiösen Existenz: Gott ist, je nach dem, wie man sich zu ihm einstellt, Grund des Abgrundes oder Grund eines Haltes unter den Füßen. Wir haben es zu tun mit einer Schöpfungsformel. Aber worum es wirklich geht, ist eine Begründungsformel für die menschliche Existenz je nach ihrem Selbstverständnis.

Ich kenne im ganzen Alten Testament keine Szene, die so dicht beschreibt, was der Schöpfungsglaube eigentlich besagen will. Es geht nicht um ein kosmologisches Theorem über die Herkunft des Meereswassers oder um eine quasi theologisch-geologische Erklärung über die Bildung von Festlandstrukturen am oberen Schelfrand. Und natürlich geht es auch bei dem *Gott des Himmels* nicht darum, irgendeine astronomische Vorstellung über die Schichten jenseits der Ionosphäre vorzutragen. Was Jona sagen will, ist einfach: Ich bin in Gottes Hand, und es ist jetzt an mir, mich zu fragen, ob ich Gott als einen aufgewühlten Abgrund spüre oder als eine tragende Hand, die mich aus allem Unglück führt. Und das muss sich jetzt in mir entscheiden oder nie. Deutlicher kann Gott mir das nicht machen.

Mit anderen Worten, die Bibel spricht niemals über Schöpfung in dem Sinne, den wir theologisch der Sprache von Gott als dem Schöpfer unterlegt haben, als wäre Gott eine Zusatzerklärung für all die Kausalreihen, die wir naturwissenschaftlich hintereinander schalten, um Zusammenhänge der Natur betrachten zu können. Es war ein großer Fehler, dass die Theologen Gott als Ursache zu denken versucht haben, als oberste Ursache. Dabei ist es bis heute nie ganz klar, wann reden sie von Gott als der ersten Ursache oder als der zweiten Ursache? Wann greift Gott so ein, dass er als zweite Ursache sich doch vergegenständlicht im Rahmen aller anderen Kausalprozesse und Wunder wirkt? Die Idee Gottes als einer obersten Ursache ist schon dadurch widersprüchlich, dass jede Ursache sich ergibt als Wirkung einer anderen Ursache. Bei Gott soll gerade der Regress der Kausalreihe ihren Abschluss finden. Gott soll die oberste Ursache sein. Das heißt: Es gibt nichts mehr, was ihn erklären könnte, Gott muss man erklären aus sich selber. Aber wir sagten schon: Das ist die Sprengung des Kausalbegriffs, ein Widerspruchsbegriff. Deshalb ist es die Frage, ob man jemals mit dieser Art von Theologie hätte anfangen sollen.

*Aber gibt es nicht eine Sehnsucht nach dem Anfang? Und steckt nicht diese Sehnsucht hinter der Frage: Wie begann die Schöpfung? Wie begann Leben?*

■ Es ist gut, dass Sie danach fragen, denn wir berühren damit ein Urmissverständnis der gesamten Bibellektüre. Jeder, der schon ein bisschen die Bibel gelesen hat, hat sie aufgeschlagen und gleich den ersten Satz vor sich gehabt: „Im Anfang schuf Gott Himmel und Erde". Nebenbei gesagt, die ökumenische Einheitsübersetzung hat sich einfallen lassen, 470 Jahre hinter Martin Luther an dieser Stelle zurückzugehen. Es steht da wieder, wie im hebräischen Original: Gott schuf *den* Himmel und *die* Erde. Es war Martin Luthers Genie zu wissen, dass *der* Himmel und *die* Erde zwei bekannte Größen sind, die Weltwirklichkeit aber ist uns unbekannt. Sie ist so gigantisch viel größer als alles, was wir wissen können, dass es nur heißen kann und darf an dieser Stelle: Gott schuf *Himmel und Erde,* ohne bestimmten Artikel. Gott schuf *alles,* soll das heißen. Zwei Worte, die wegfallen gegenüber dem hebräischen Original, geben das, was der hebräische Text sagen will, enorm viel deutlicher wieder, auf Deutsch. Aber dann muss man Luther reden hören statt die Kommissionen, die 470 Jahre nach ihm zu Papier sitzen.

„Im Anfang" ist jetzt das entscheidende Wort, das übersetzt werden will. Diese Frage hat in der Theologiegeschichte eine große Rolle gespielt. Denn man hat allein aus dieser Bibelstelle abzuleiten versucht und ableiten zu müssen geglaubt, dass die Welt einen zeitlichen Anfang habe. Für Aristoteles war die Frage unentscheidbar, und ihm folgend hat auch Thomas von Aquin in dem wichtigen Traktat *„de aeternitate"* um 1227 geschrieben, dass man nicht beweisen könne, ob die Welt einen Anfang habe oder nicht. Gleichwohl hat man 1215 das Dogma von der zeitlichen Anfanghaftigkeit der Welt formuliert und alle späteren Lehrmeinungen unter Häresie gestellt. Dazu zählte, wie schon gesagt, Meister Eckharts Gedanke, dass die Welt koextensiv in der Zeit zu Gott selber sei. Gott als Schöpfer, meinte Eckhart, könne nur *immer* Schöpfer sein oder er hätte im Schöpfungsakt sein Wesen verändern müssen. Wenn aber Gott immer ein Schöpfer ist, ist auch die Welt immer vorhanden gewesen, so wie der Sohn Gottes immer vorhanden war. Diese Lehre wurde ein Jahr nach Meister Eckharts Tod, posthum, nochmals als Häresie verurteilt, und später hat dann niemand mehr gewagt, die zeitliche Anfanglosigkeit der Welt auch nur zu denken – bis auf Giordano Bruno, den man verbrannt hat.

Im übrigen hat die Frage nach dem Anfang der Welt für die Theologen im 20. Jahrhundert eine überraschende Wende genommen, als 1929 Edwin Hubble eine Beziehung herstellte zwischen der Fluchtgeschwindigkeit der Galaxien und ihrer Abstandsmessung. Je weiter die Galaxien von uns entfernt sind, desto schneller entfernen sie sich von uns. Wenn das so gilt und wenn man die Hubble-Konstante H dafür exakt bestimmen könnte, was für die Astronomen immer noch sehr schwierig ist, muss man lediglich zurückrechnen: Der Anfang der Welt ist 1 : H. Wenn alles sich entfernt, wird alles irgendwann beieinander gewesen sein. Die Welt muss zeitlich einen Anfang gehabt haben. Nach den Theorien von George Gamow wurde daraus später das Urknall-Theorem, das heute jedes Schulkind irgendwie in den Kopf bekommt, ohne es begreifen zu können. Doch daraus saugten die Theologen neuen Honig. Endlich war den Agnostikern, den Atheisten, den Pantheisten scheinbar doch beweisbar, dass die Welt entstanden sein müsse. Das ist konkret so geschehen auf einer Tagung, ich glaube im Jahre 1983, in Rom, von der Stephen Hawking erzählt. Er hatte gerade einen Vortrag über Kosmologie gehalten, als er in der Audienz beim Papst, dem regierenden Johannes Paul II., erfuhr: Sie können über alles diskutieren, nur nicht über den Anfang der Welt, denn der ist in den Händen Gottes. Hawking hat, wie er witzigerweise schreibt, dem Papst nicht verraten, was sein Thema auf der Tagung war. Das handelte vom Anfang der Welt.

Der Urknall beweist absolut gar nichts darüber, ob es nicht Gründe gibt, aus denen der Urknall entstanden ist. Für keinen Physiker ist eine Tatsache einfach ohne Ursache hinzunehmen und nicht beantwortbar mit dem Willensentschluss irgendeiner allerhöchsten Autorität, weder einer päpstlichen noch einer göttlichen. Es gibt eine Reihe von physikalischen Theorien, die uns heute plausibel machen können, dass dieses Universum womöglich gar nicht das einzige Universum ist, dass es aus Quantenfluktuationen entstanden ist, die wie in der Badewanne viele Blasen bilden nebst allen versuchsweise entstehenden anderen Multiversen. Manche dieser Multiversen glücken vielleicht gar nicht, sie kollabieren sofort, manche expandieren sinnlos. In unserem Universum haben wir womöglich ein wenig Glück, doch es ist nicht auszuschließen, dass es davon unendlich viele andere gibt, die immer wieder entstehen und vergehen. Kurz, es ist theoretisch möglich, dass wir den Darwinismus, die Betrachtung von parallel konkurrierenden Systemen, sogar auf die Kosmologie anwenden müssen.

Das alles ist zumindest denkbar, und schon dadurch, dass es denkbar ist, entfällt die Möglichkeit für Theologen, irgendetwas als sicher zu behaupten. Wir müssten den theologischen Glauben an Gott jedenfalls so definieren, dass er mit all diesen

Denkmöglichkeiten zurecht kommen könnte. Es kann ja der Glaube der Menschen, die Existenz ihres Daseins nicht an der gerade neuesten Theorie in irgendeiner physikalischen Forschungsgemeinschaft liegen. Weil das so ist und weil wir endlich ein klares Verhältnis zwischen Natur und Theologie brauchen, ist die Frage nach dem Anfang der Welt wieder so aufzugreifen, wie er bibel-theologisch sich darbietet: als eine Begründung der menschlichen Existenz, nicht als eine kosmologische Theorie im Wettstreit mit anderen.

*Was meint die Bibel, wenn sie vom Anfang spricht?*

■ Wenn die Bibel vom Anfang spricht, meint sie nicht das, was wir zeitlich als Anfang verstehen. Was ich jetzt sage, wird manchem überraschend vorkommen, aber es ist unbezweifelbar so. Nehmen wir den Psalm 51. Da klagt ein Beter darüber, dass er schon in Sünden von seiner Mutter empfangen worden sei. Man schreibt diesen Psalm König David zu, in dem Moment, wo er sich sündhaft vergangen hat an der Frau des Hethiter-Generals Urija, an der schönen Batseba. Der Sinn dieses Psalms liegt zweifellos nicht in der Erklärung, dass David für seine Sünde gar nicht könne, weil schon seine Mutter verhurt gewesen sei und er also dadurch sozusagen psychologisch oder genetisch vorbelastet gewesen sei. David oder wer immer diesen Psalm gebetet hat, will sich gerade nicht entschuldigen. Er will sagen: Mein ganzes Dasein von Anfang an läuft darauf hinaus, dass ich erkennen muss: Alles, was ich war und getan habe, ist im Grunde Lüge, Triebhaftigkeit, eine fatale Begabung, das Schlimmste noch zurecht zu biegen. Was mir jetzt unterlaufen ist, war nicht ein Malheur durch Zufall, sondern ist die Summe von allem, was ich bin; es ist das logische Resultat meiner ganzen Existenz. Recht betrachtet ist alles, was ich gemacht habe, eine Vorbereitung auf diesen einen Punkt, in dem gar nichts mehr stimmt; es ist der Beweis, dass noch nie etwas gestimmt hat.

Mit anderen Worten: Aussagen über den Anfang sind in der Bibel Totalaussagen über das Wesen eines Menschen oder einer Sache. Wir müssten ins Lateinische übersetzt nicht sagen „In principio" (im Anfang), sondern wir müssten sagen „A principio" (prinzipiell, grundsätzlich, wesentlich). So übersetzt, wäre die Kategorie des mythischen Denkens vom Anfang, verbunden speziell auch mit der Sprachlogik des Hebräischen, im Bezug zum Schöpfungsglauben so wiederzugeben: Es hat nie einen Augenblick gegeben, in dem die Welt nicht hervorgegangen wäre aus den Händen Gottes. Von Ursprung an ist die Welt geschaffen von Gott. Das meint: „Im Anfang schuf Gott Himmel und Erde". Selbst die Perfekt-Form „schuf Gott", „hat geschaffen" ist nicht zu verstehen in der Diskussion, die zwischen Theisten und Deisten vor allem seit dem 16. Jahrhundert in der englischen Philosophie entstanden ist, ob Gott entsprechend der Uhrwerktheorie zwar die Welt geschaffen habe, aber sich dann am siebenten Tage in der Art zur Ruhe gesetzt habe, dass die perfekte Maschinerie der Weltenzusammenhänge nun unbegrenzt, so lange es beliebt, weiterlaufen könne. Das war die deistische Theorie: Ein perfekter Schöpfer kann den Gang der Welt in alle Zukunft sich selber überlassen, weil er jedes Detail im Räderwerk schon vorausberechnet hat. Natürlich braucht es keine späteren Justierungsvorgänge mehr, sondern die Präzision des Gesamtapparates erlaubt überhaupt keine späteren Eingriffe mehr, erlaubt auch keine Wunder mehr.

*Dieser Gott ist also nicht der perfekte Schöpfer.*

▪ Was die Bibel sagen will, ist, dass Gott in jedem Moment hinter seiner Schöpfung steht und dass die gesamte Welt in jedem Augenblick kollabieren würde, wenn wir nicht als tragenden Grund Gott dahinter sähen. Noch einmal: Diese Aussage macht nicht im Sinne moderner Kosmologie irgendeinen Anspruch, sondern sie beschreibt lediglich das Selbstverständnis des Menschen inmitten dieser Welt. Sie beschreibt die Frage, wie der Mensch als ein geschöpfliches Wesen inmitten einer Welt, in der es nichts von alldem geben müsste, was es gibt, leben kann. Der Schöpfungsglaube schließt die Kontingenzlücke im Existentiellen.

*Er gibt dem Menschen Sicherheit, nimmt ihm die Angst?*

▪ Ganz richtig: Die Religion beantwortet die Frage, warum es mich gibt, wo es mich doch nicht geben muss. Wie ist es möglich, mit dem völligen Zufall der Tatsache, dass wir in dieser Welt sind und dass diese Welt überhaupt ist, zurecht zu kommen? Das ist die Frage. Die Antwort, die die Religion versucht, ist sehr unterschieden von dem, was die Naturwissenschaften sagen. Die Naturwissenschaften können sagen, dass alles zweifellos nicht notwendig ist, aber dann doch wieder in dem Sinne notwendig, als es das Ergebnis eines deterministischen Chaos ist. Jeder einzelne Prozess hätte grundsätzlich auch anders verlaufen können, wenn winzigste Ausgangsbedingungen anders *gewählt* worden wären. Sie wurden aber nicht gewählt, sondern sie waren wieder das Ergebnis von anderen oft ganz phantastischen Prozessen. Alles war notwendig und ist trotzdem in dem Sinne nicht zu verbinden mit irgendeiner Ziel- oder Planvorstellung oder einer inneren Notwendigkeit. Es bleibt radikal kontingent, so dass, wenn wir die Geschichte des Weltalls oder die Geschichte der Erde oder die Geschichte des Menschen oder die Geschichte irgendeines Individuums noch einmal erzählen würden, sie in jedem Falle vollkommen anders herauskäme, als sie verlaufen ist – wenn sie überhaupt möglich wäre! Mit dieser Antwort, die die Naturwissenschaften geben können, vermögen wir Menschen nicht zu leben. Wenn die Naturwissenschaften ausreichen würden, bräuchten wir keine Religion. Wir hätten überhaupt keinen Grund, als Menschen irgendwelche anderen Antworten zu suchen oder gar zu bevorzugen.

Was wir Menschen indessen vor allem wissen wollen, lautet: Warum gibt es uns, die wir zufällig sind und die wir damit nicht leben können, nur zufällig zu sein?

Die paradoxe Antwort ist: Ein Mensch kann sich im Grunde die Frage „warum es mich gibt" nur dadurch beantworten lassen, dass beides bestätigt wird: Es muss dich überhaupt nicht geben, aber es soll dich geben. Es *muss* dich nicht geben, aber es *soll* dich geben, weil im Hintergrund eine Macht steht, die möchte, dass du bist, ja, der du gefehlt hättest, wenn es dich nicht gäbe. Diese Macht nennen wir Gott, und wir bezeichnen Gott, mit sehr menschlichen Begriffen freilich, als die Liebe selber. Von der Liebe gilt, dass sie eine Notwendigkeit setzt, die durchaus nicht sein muss, aber unbedingt sein soll, und für die wir im Endergebnis nur dankbar sind: eine Notwendigkeit in Freiheit. Das ist genau die Dimension, die in den Naturwissenschaften nicht einmal gedacht werden kann, die aber für uns Menschen existentiell die Grundlage von allem ist. Und davon im Grunde möchte die Bibel sprechen, in mythischen Bildern und unreflektiert, in einer gewissermaßen symbolisch evidenten Weise.

Wenn wir also fragen, was hat sie damit gemeint, und vor allem, was hat sie uns damit zu sagen, müssten wir nach mindestens 500 Jahren Naturwissenschaftsgeschichte im Abendland und 2500 Jahren naturwissenschaftlichen Bemühens seit der Antike eine Differenzierung vornehmen. Wir müssten sagen: Zusätzlich zum Kausalbegriff, der nie weiterführen wird als zu chaotischen Kontingenzen, brauchen wir eine paradoxe Notwendigkeit, die nichts begründet, was an und für sich sein müsste, aber die etwas begründet, das unbedingt sein soll. Diese Notwendigkeit kann nur aus Freiheit stammen. Und der Inbegriff einer solchen Freiheit, die eine innere Notwendigkeit setzt, nennen wir Gott.

*Und ist dieser Gott allmächtig, allwissend, allgegenwärtig?*

■ Das ganze Problem der Theologie im sogenannten christlichen Abendland liegt darin, dass wir versucht haben, von Gott her zu denken, statt auf Gott hin zu denken. Mit „auf Gott hin denken" meine ich, dass alles, was wir über Gott im Raum von Religion und Theologie formulieren, Selbstauslegungsformen der menschlichen Existenz sind, die wie eine Ranke danach sucht, sich anzuklammern. Aber die Ranke wird nicht imstande sein, sich selber vom Baum her zu begreifen. Die Theologen haben im Grunde ständig den Baum gedacht, statt der Ranke zu helfen, zu wachsen. Und darum haben sie die Perspektiven verschoben. Sie haben, wie gesagt, die menschlichen Probleme in Gott hinein projiziert, nur um zu entdecken, dass man sie dann nicht mehr lösen kann. Die theologischen Aussagen kommen dann vielmehr vom Himmel als absolute Tatsachen auf uns zurück, und wir bekommen so die größten Schwierigkeiten, z. B. mit der Lehre, dass Gott allmächtig, allweise und allgütig sei. Es war schon der Gedanke des Epiktet und wird dann auch der Gedanke des Lukrez, in der römischen und griechischen Philosophie, dass diese Dreiheit nicht sein kann, in Anbetracht der Weltwirklichkeit.

Nehmen wir einmal an, ein Gott wäre allweise und allgütig. Dann könnte ganz unmöglich die Welt von so viel Leid erfüllt sein. Gott war dann offensichtlich nicht machtvoll genug, seine erhabenen Pläne in Weisheit und Güte zu realisieren. Irgendetwas fehlte ihm.

Übrigens ist das mehr oder minder auch die Theorie des Christentums. Es erklärt, dass Gott zwar eine wunderbare Welt gewollt habe, aber dann sei ihm der Teufel dazwischen gekommen und habe derart für Unordnung gesorgt, dass nun alle möglichen Übelstände zu gewärtigen seien. Das ist immer noch die Ansicht des Weltkatechismus aus dem Jahre 1992 n. Chr. für eine Milliarde Menschen. Da wird ein antiker Mythos aus dem alten Kanaan vom Aufgang des Morgensterns, der von der Sonne überstrahlt wird, des Lichtbringers, der sich durch Hochmut versündigt gegen die Sonne und von ihr bestraft wird, als letzte Begründung für die Weltzusammenhänge genommen. Das Christentum erklärt ja in dieser Theorie mittelbar, zudem auch im Erbe dann der altpersischen dualistischen Theologie oder Mythologie, dass Gott mindestens zeitweilig nicht allmächtig sei. Er muss kämpfen um seine Macht. Er hat einen Widersacher, der so ernst zu nehmen ist, dass alles, was wir von der Welt mitbekommen, bis heute nur den Schatten des eigentlichen göttlichen Planes wiedergibt, und wir müssen, man versteht nicht warum, sogar noch ungeheure Zeiträume warten, bis Gott sich nun endlich durchzusetzen versteht. Kein Mensch begreift, warum das so lange dauern soll. Das ist eine Erklärung von der Art, warum ein Bundeskanzler sein Programm nicht durchhält – eben weil die Opposition ihm das Regieren schwer macht. Aber wenn Gott allmächtig ist, sollte er per Deklaration doch jederzeit dem Spuk ein Ende setzen können. Mit anderen Worten, es scheint mit der theologischen Welterklärung zu hapern. Selbst in der allerchristlichsten Theologie ist die Allmacht Gottes so allmächtig nicht, dass sie für Ordnung und für Klarstellung ihrer Pläne sorgen könnte oder wollte.

Wenn Gott aber das Ende des Leids nicht einmal will – wieder begreift man nicht warum –, sondern ein unendliches Meer von Leid in Kauf nimmt, was ist es dann mit seiner Güte? Von seiner Weisheit wollen wir jetzt nicht reden, die verstehen wir an dieser Stelle nicht, aber an seiner Güte müssen wir Zweifel bekommen. Setzen wir also anders an.

Gott sei allmächtig und sei allweise, dann hat er offensichtlich eine Welt geschaffen, die funktioniert und die wir in erhabener Bewunderung bestaunen müssen. Sie ist unglaublich viel größer, als wir Menschen sie für möglich halten. Sie übersteigt unseren Verstand an jeder Stelle. Der Gott Einsteins ließe sich so beschreiben: Er ist nicht bösartig, aber voller Tricks und voller Raffinesse. Nur *eine* Eigenschaft muss man ihm sicher absprechen: Das ist Mitleid. Er hat keinerlei Güte. Er unterlegt der Welt eine mathematische Vernunft, für die es offenbar egal ist, wie der Energiedurchfluss in einer Biozönose funktioniert, wie viele Leichen dabei transportiert werden, wie viele Kadaver ausgeschlachtet werden, wie viel monströses Leid auf den Schlachtfeldern bleibt, die wir das Leben nennen, es ist ihm egal, wenn's nur funktioniert. Alles Leben lebt von Leben, und es ist kein Bedauern für den Allerhöchsten. Ein mitleidiger Gott hätte diese Welt scheinbar nie akzeptieren dürfen. Allweise mag er sein und seine Allmacht mag er vollkommen zum Ausdruck gebracht haben, aber Güte ist ihm nicht zu glauben.

Lesen Sie nur den Roman „Die Pest" von Albert Camus aus den fünfziger Jahren, wie an dem Bett eines Kindes in der Zeit der Seuche in Oran der Jesuitenpater Paneloux und Dr. Rieux stehen. Pater Paneloux hat gerade noch davon gepredigt, im Sinne des Ezechiel und des Alten Testamentes, dass die Pest geschickt worden sei, damit Gott die Sünden der Menschen strafe. Aber dieses Kind hat nicht gesündigt. Selbst wenn man noch so phantastisch die Lehre von der Erbsünde bemüht und alle möglichen Mythen im Alten Testament falsch interpretiert, dieses Kind hat nicht verdient, zu leiden. Das ist so evident, dass die ganze Schöpfungsordnung Gottes zerbricht an den Qualen eines Kindes.

Es ist dies schon der Gedanke Dostojewskis gewesen in dem Buch „ Die Brüder Karamasov", als Iwan seinen Bruder fragt: „Aljosha, wenn du die Weltenharmonie nur errichten könntest durch Inkaufnahme der Leiden eines einzigen Kindes, ich frag dich, Aljosha, würdest du das tun?" Kann man je glücklich sein, solange Menschen leiden? Gibt es eine Welten- und Sphärenharmonie, aufgebaut über diesen Qualen?

Allein von den Tieren konnte der Philosoph Arthur Schopenhauer sagen: „Die Tiere leben in dieser Welt in der Hölle, und ihre Teufel sind die Menschen." Gewiss, wir finden das ganz normal. Aber wir dürfen es nicht normal finden. Wenn die Güte allmächtig würde, sähe die Welt vollkommen anders aus.

Drehen wir's also noch mal anders: Gott war allmächtig, und er war allgütig. Er hat das Beste gewollt, und er hat alles getan, was er wollte. Dann ist eine Welt herausgekommen, die offensichtlich verrückt ist. Sie ist nicht das Zeugnis einer überlegenen Weisheit, sondern hier hat jemand mit viel gutem Willen alles gemacht, was er konnte, und hat sich furchtbar vertan, weil er nicht richtig überlegt hat. Die Welt mit der Fülle ihrer Leiden ist nicht das Dokument einer höchsten Weisheit.

# Der Allmächtige

*Scheitert der Glaube an die Allmacht Gottes an der Weltwirklichkeit?*

■ Alle drei Zentralbegriffe, die die christliche Theologie für Gott ersonnen hat – allmächtig, allweise, allgütig –, scheitern an der Weltwirklichkeit. Sie machen Gott widersprüchlich. Daraus geht hervor, dass wir uns nie im Leben Gott hätten metaphysisch konstruieren sollen durch die Übersteigerung, durch die Verunendlichung bestimmter menschlicher Wertbegriffe, um dann von diesem Abstraktum her die Welt deduktiv verstehen zu wollen. Genau das aber ist passiert. Die Theologen haben unter Glauben dieses verstanden, die Menschen bei der Hand zu nehmen und sie von einem fertigen Gottesbild an die Wirklichkeit heranzuführen und ihnen vorweg schon zu sagen: „So ist die Welt, weil sie von Gott ist". Dann machen die Menschen die Augen auf, und sie erstarren vor Entsetzen, wie anders diese Welt ist. Kein christlich erzogenes Mädchen, kein christlich erzogener Junge, wenn er in den Biologieunterricht kommt und den Darwinismus beigebracht erhält, ist vorbereitet auf die Schrecken, denen er beiwohnen muss. Wie kann die Welt, die von Liebe und Weisheit geprägt sein soll, in eine Stätte des ständigen, des permanenten Kampfes ums Dasein auf Leben und Tod verwandelt worden sein? Wie ist es möglich, eine Welt auszuhalten, in der die Angst universell ist, in der die Grausamkeit selbstverständlich ist, in der die Mitleidlosigkeit einer Katze beim Fang der Maus zu begreifen ist als eine Überlebensstrategie von höchster Vollkommenheit, zweifellos, nur, die arme Maus! Und das macht dasselbe Kätzchen, das das Kind gerade noch gestreichelt hat!

Es ist nichts in dieser Welt so, wie die Theologen es vermuten würden. Und die Konstruktion, dass irgendein Teufel sie durcheinander gebracht habe, ist mit das Absurdeste für jeden Zwölf- und Dreizehnjährigen. Die Biologen werden natürlich sagen: Das Leid der Lebewesen ist nicht eine Zufallstatsache, die wir jetzt quittieren müssten, etwas, das wir herausoperieren sollten aus der Welt, sondern wir müssen begreifen, dass Energie eine Mangelware hier auf der Welt darstellt, dass seit Erfindung der Photosynthese, einem langen Prozess in der Evolution, schon die Pflanzen in Konkurrenz zueinander darum ringen, wie sie Energie aufnehmen und speichern können und wie darüber aufgebaut tierische Lebensformen, die sich von Pflanzen erhalten, sobald sie können, wieder über ihresgleichen herfallen. Das alles baut sich auf im Kampf um Energie, und es ist anders gar nicht vorzustellen als so, wie es sich abspielt. Wir können das naturwissenschaftlich nicht bedauern.

Die Frage aber richtet sich um so mehr an uns, ob wir Menschen so bleiben wollen, wie wir es aller Orten sehen, – ob wir im Einverständnis damit existieren können, dass auch für uns Menschen eine andere Welt nicht sein soll. Dann allerdings hol uns der Teufel, wenn das so ist! *Die* Aussage macht Sinn. Wir brauchen eine Alternative zur bloßen Biologie, um uns als Menschen zu definieren. Und da beginnt die Religion, und da hätte der Schöpfungsglaube der Christen seinen Sinn.

*Sie haben jetzt mehrfach den Teufel genannt, die Erbsünde als Bild für die Schwäche der Menschen. Woher kommen denn diese Bilder? Wo haben sie ihren Ursprung?*

■ Die Lehre von der Schuld eines Menschen, des Menschen am Anfang, ist nicht ein Sondergut der Bibel. Überraschenderweise tauchen Geschichten dieser Art immer wieder auf, so wie wir schon von den Urgeschichten gesprochen haben, die ethnologisch eine globale Verbreitung besitzen, aller Wahrscheinlichkeit nach übrigens ohne historische Vermittlung. Sie entstehen immer wieder spontan und haben eine ganz erstaunliche Gleichförmigkeit. Der Sinn der Urzeit-Erzählungen von so etwas wie einem Sündenfall ist dadurch paradox, dass man das Geschehen in der Urzeit in den Religionen immer wieder ritualisiert hat. Das heißt, es ist da etwas „geschehen" oder eine Wirklichkeit zu Tage getreten, die zwar schmerzhaft ist und in der viel Unglück steckt, die man aber auch als Gegebenheit nicht rückgängig machen kann – mit der man deshalb versuchen muss, zu leben. Oft hatten diese Erzählungen als Urfrevel einen Mord zum Gegenstand, wie z. B. auf der Molukken-Insel Ceram der Mythos der Hainuwele, den Adolf Jensen in den Dreißiger Jahren gefunden und dessen Ausstrahlung über viele Kulturen er beschrieben hat. Es gab, verkürzt gesagt, ein Mondmädchen, das eine große Affinität zum Palmbaum aufwies und im Marotanz den Menschen sehr vieles geschenkt hat. Aber dann wurde es aus Neid umgebracht und zerstückelt, doch als Mond ist es wieder erschienen. Und in bestimmten Tänzen, nach links und nach rechts, können die Menschen labyrinthisch sich verbinden mit dieser urzeitlichen Demagottheit, mit dem Mädchen Hainuwele. Jensen hat zu zeigen versucht, dass hinter diesen Mythen Erfahrungen früher Pflanzerkulturen stehen. Die Menschen leben davon, indem sie Jamsknollen oder was auch immer zerstückeln und in gewissem Sinne töten, ganz so wie es mit dem Leib der Hainuwele geschieht.

Leben bedeutet in dieser Weltsicht, töten zu müssen; es heißt zerkleinern, zerlegen zu müssen. Aber das Leben erhält sich im Tode. Es ist möglich, Jamsknollen zu zerteilen, sie wieder einzugraben, zu beerdigen, und aus den Teilen der getöteten Pflanzen entsteht neues Leben.

Mit anderen Worten, das Leben wird begriffen in Zyklen, in denen der Tod eine ganz große Rolle spielt, eine schrecklich große Rolle, in denen er aber immer wieder durch die regenerativen Kräfte auch widerlegt wird. Es gibt nie einen endgültigen Tod, und es gibt nie ein endgültiges Leben. Es gibt nur große Zyklen, in denen alles sich bewegt, im Himmel und auf Erden. Wie der Mond scheinbar vergeht und wieder aufersteht, wie das Leben vergeht und wieder kommt, so hoffen auch die Menschen.

Beides kann im übrigen noch polar einander gegenübergesetzt werden. In die Urzeitmythen spielen Initiationsriten hinein. Die Frauen sind es, die gebären, die Männer sind es, die die Aufgabe von Jagd und Tod übernehmen; das sind soziale Zuordnungen, die dann auch das Zusammenleben definieren.

Das ist der Hintergrund: Die Erfahrung der Sexualität ist identisch mit der Erfahrung der Notwendigkeit des Todes. Fruchtbarkeit gibt es nur, wenn es das Sterben gibt. Und beides gehört zusammen.

Das ist auch biologisch völlig korrekt. Der Biologe Ludwig von Bertalanffy hat in den Fünfziger Jahren einmal gesagt: „Mit der Erfindung der Mehrzelligkeit kam der Tod, mit der

Erfindung des Nervensystems kam der Schmerz, und mit der Erfindung des Bewusstseins kam die Angst." Er wollte damit sagen: Jeder Schritt der Entwicklung, der Evolution, hat ihren Preis, hat ihre Belastungen mit sich gebracht. Es gibt in dieser Welt nichts umsonst.

Was die biblische Urzeitgeschichte aus diesen Vorstellungen macht, ist genial, weil sie von derlei Zusammenhängen sich völlig löst. Was die Bibel in der Paradieserzählung beschreibt, ist eine Welt, wie sie sein könnte, würden die Menschen ohne Angst leben, rein im Vertrauen zu Gott. Beschrieben wird dann in der sogenannten Sündenfallgeschichte von Genesis 3, wie die Nachdenklichkeit des Menschen dahin führt, zu entdecken, dass unter seinen Füßen ein offener Abgrund gähnt, der Rachen der *Schlange*. Es ist nicht möglich, dass ein Mensch sich seiner selbst bewusst wird, ohne zu spüren, dass er sterblich ist, dass er nicht notwendig ist, dass er kontingent ist. Er braucht also einen Halt. Das Paradoxe aber ist, dass alle Angst dazu führen wird, die biologischen Programme der vorgegebenen Angstantworten zu reaktivieren. Man wird sich anklammern. Man wird versuchen, sich zu schützen. Man wird bestrebt sein, etwas zu machen zur Daseinssicherung. Man kommt nicht darauf, dass es auf dieser Ebene, für die jetzt entdeckte Frage, niemals eine Antwort geben wird. Für die Frage, die der Mensch hat in seiner Angst, die aus dem Bewusstsein kommt, lässt sich buchstäblich nichts mehr *machen*. Mit dieser Angst muss er lernen zu leben. Aber er wird bis dahin eine ganze Menge gegen seine Angst zu machen versuchen.

Gegen die Angst, getötet zu werden, wird er die schlimmsten Waffen produzieren. Er wird die ganze Welt in ein Tollhaus von Raketen und Atomgranaten verwandeln. Gegen die Angst zu verhungern, wird er Lagerdepots einrichten, die überquellen, und allein die zu vernichten, wird teurer sein als sie aufzubauen, während ganze Teile der Welt Hunger leiden und darben und Not haben. Aus lauter Angst, im Alter ungeschützt zu sein, wird er sein ganzes Leben verhunzen mit Daseins-Sicherungsvorsorgen, die sogar Gesetzesrang erlangen können. Kurz, die Angst bringt den Menschen um jeglichen Verstand.

Das beschreibt die Geschichte der Bibel in der Urzeit-Erzählung, angefangen mit dem Mord Kains an Abel in Genesis 4 bis zu dem Aufbau des Babylonischen Turms in Genesis 11. Es ist in dieser Darstellung nicht, dass den Menschen nicht etwas einfiele, nur macht es die Sache nicht besser, sondern Schritt für Schritt schlimmer. Die Bibel steht nicht an, den sogenannten kulturellen Fortschritt zu betrachten unter der Dynamik der Angst als eine unausgestandene Dramatisierung aller ungelösten Probleme. Sehr kritisch wird in der Urgeschichte das beleuchtet, was wir Geschichte oder Geschichts-Theologie nennen.

Es gibt nur eine Antwort auf die Angst, die aus dem Bewusstsein des Menschen kommt: sie müsste liegen in einem Vertrauen auf Geborgenheit in der Nähe einer anderen Person. Das Problem aber ist, dass Menschen, die Angst haben, auch in der Liebe aneinander scheitern werden. Genau das erzählt ja die Geschichte von Adam und Eva. Die beiden in Genesis 3, 1–7 machen sich Röcke, sie sind auf der Flucht vor sich selber, vor Gott, vor der Welt. Sie sind nur noch bestrebt, vor Gefahren wegzulaufen, die sich vergrößern dadurch, dass sie sie zu vermeiden trachten. Die Lösung, die die Bibel selber vorschlägt bis hin ins Neue Testament hinein, besteht darin, dass wir all die Ängste durchgehen sollten an der Seite eines anderen Menschen, der Angst nicht mehr mit Angstverbreitung und Angstflucht beantwortet, sondern mit einem Vertrauen, das er vom Himmel auf die Welt holt, von Gott her. Die Botschaft der jahwistischen Urgeschichte ebenso wie der Vorschlag Jesu lautet: Wir betrachten Gott nicht länger mehr rückblickend wie in Genesis 3, 24 als verstellt von Wächterengeln, die mit Flammenschwertern den Paradieseseingang sperren, sondern wir gehen daran vorbei. Denn so ist nicht Gott, wie ihr ihn in der Angst seht. Gott ist völlig anders. Gott will nicht euern Tod. Gott will nicht euer Jäger sein. Gott will nicht eure Schulden rächen. Die ganzen Schulden kommen doch nur aus eurer Angst und Hilflosigkeit und Verzweiflung. Das weiß doch Gott. Jesus konnte hinzufügen: Das weiß auch ich, wenn ich höre, wie ihr lebt, und jeder kann das sehen. Der Menschen Not kann man nicht moralisch korrigieren, sondern wir müssen ein Vertrauen lernen, das euch euer Glück zurückgibt. Kein Mensch, der glücklich ist, fügt absichtlich einem anderen Leid zu. Wir müssen in die Welt zurück, die einmal von Freude bestimmt war, in der Menschen noch wissen konnten, wer sie selber sind.

Alles, was wir heute Psychotherapie nennen, ist gewissermaßen ein stümperhafter Versuch, dieses Aktionsprogramm Jesu nachzubuchstabieren. Dann ließe sich die Diagnose: „Menschen sind nicht, was sie sein sollten, weil ihre Seelen von Angst pervertiert, neurotisiert, infiziert sind", widerlegen durch ein Aufblühen aus Vertrauen. Die Sprache im Neuen Testament ist daher auch immer wieder: „Dein Vertrauen hat dich gerettet". Wir sollten nicht sagen „Dein *Glaube*", denn dann ist sofort wieder der Dogmenzusammenhang assoziiert, der in diesem Kontext irrig ist.

# Die unsterbliche Seele

*Wir stoßen nun auf den Begriff Seele. Welche Rolle spielt denn die Seele? Wie beschreiben Sie „Seele"? Sie ist ja etwas anderes als Herz und Gefühl.*

Wir sind bei all den Fragen an demselben Problem: Die abendländische Theologie, ob von Aristoteles oder Platon her, von den griechischen Naturphilosophen oder den Metaphysikern her, hat versucht, Erklärungen zu geben, die sie auf Gott als die oberste Ursache zurückführte. Auf die Frage, wie Leben sein kann, lautete die Antwort der Griechen: Die Pflanze lebt durch eine Pflanzenseele, das Tier lebt durch eine Tierseele, der Mensch ist teilhaftig einer Vernunftseele. Und so hat man auch schon eine Abstufung über die Werte, die dem einzelnen Lebewesen zuzuordnen sind, vorweggenommen. Im Sinne des Aristoteles ist die Materie zunächst unbelebt, aber wenn sie sich mit einer Substanz verbindet, die Leben setzt, mit der Seele eben, entsteht ein lebendiger Körper. So war die Vorstellung.

Diese Anschauung spielt vor allem in der katholischen Theologie bis heute noch eine große Rolle. Ich glaube, die meisten Katholiken stehen unter dieser dogmatischen Doktrin, dass sie an eine unsterbliche Seele glauben sollen, in dem Sinne, dass es eine Substanz im Menschen gibt, die in sich selber unzerstörbar ist und auch vom Tode nicht affiziert wird. Da ist sozusagen etwas im Menschen wie ein Edelmetall oder ein Edelgas, das durch keinerlei Veränderungen tangiert wird und das sich im Grunde im Tode freisetzt. Wenn der Körper zerfällt, ist dies um so einfacher. Es muss die Seele, so betrachtet, eine Art Gas sein, damit sie sich im Tod zum Himmel erhebt – sehr leichtförmig.

Ich karikiere diese Vorstellung etwas, weil sie naturwissenschaftlich und auch naturphilosophisch in Absurditäten hineinführt – nicht viel anders als die Theorien von einer Wärmesubstanz oder Lichtsubstanz in der Physikgeschichte. Sinn macht die Vorstellung von der Unsterblichkeit der Seele eigentlich nur in der mythisch-symbolischen Form, in welcher wieder die alten Ägypter sie formuliert haben: Für sie erhob sich im Tode die Ba-Seele als goldener Vogel und flog zurück zu ihrer Heimat unter die Sterne. Das ist ein wunderbares Bild, das man aber nicht in metaphysische Kategorien übersetzen kann, wie die katholische Kirche es versucht hat.

Geahnt hat das, ohne dass es in den ökumenischen Diskussionen bis heute eine große Rolle gespielt hätte, die protestantische Theologie schon lange. Die protestantische Theologie hat zunächst einmal mit Sorgfalt die Bibel gelesen und dabei herausgefunden, dass es die platonische Seelenlehre in der Bibel nicht gibt. Wenn Jesus im Neuen Testament von „Seele" redet, verwendete er hebräisch das Wort „näphäsch". Wenn man so will, ist das parallel sogar dem deutschen Wort „Schnauf". Da schnauft etwas, da atmet etwas, da zeigt sich Leben. Das ist für den Hebräer „Seele". Man kann auch sagen: Es ist das Selbst des Menschen. Wenn Jesus den vorhin erwähnten Psalm zitiert: „In deine Hände gebe ich meinen Geist, meine Seele", heißt das so viel wie: mich selber. Wenn er sagt: „Was nützt es dem Menschen, wenn er die ganze Welt gewinnt, aber Schaden leidet an seiner Seele" (Mt 16, 26), ist das nicht spiritualisiert zu verstehen, sondern Jesus will sagen: Was soll denn das, dass Menschen die ganze Welt erobern wie Alexander der Große und sich selber dabei verlieren, sie werden am Ende wahnsinnig, wie Alexander wirklich wurde – er war ein gewaltiger Paranoiker.

Genau betrachtet, kennt die Bibel das also überhaupt nicht, was wir im platonischen Erbe und dann im Gefüge der katholischen Theologie im Abendland als Seele kennen gelernt haben. Trotzdem zeigt sich, dass die Bibel Hoffnung hat gegen den Tod. Sie glaubt dabei allerdings nicht daran, dass es etwas im Menschen gibt, das sich über den Tod hinaus durchhält. Die Vorstellung, die die Pharisäer entwickelt haben, die auch für Jesus und für Paulus eine große Rolle gespielt hat, läuft vielmehr darauf hinaus, dass Gott mächtiger ist als der Tod. Man glaubt an die Auferstehung. Das soll heißen: Gott wird das, was er gemacht hat, den einzelnen Menschen, nicht vergessen, sondern es bleibt in Gottes Händen. Und so wie es aus Gottes Händen hervorgeht und in den Händen Gottes steht, ist es unvergänglich. Das heißt, die Unvergänglichkeit ist Teil Gottes, sie gehört zu seiner Schöpfermacht.

Der Glaube an die Unsterblichkeit der Seele ist also nicht biblisch. Das Vertrauen der biblischen Frömmigkeit liegt darin, dass Gott Gott ist und dass er nicht etwas macht, das er sich dann vom Tod sozusagen aus den Händen stehlen lässt. Die ganze Hoffnung, welche die biblische Frömmigkeit gegen den Tod setzt, richtet sich auf Gott. Sie richtet sich nicht auf ein metaphysisches Prinzip im Menschen.

Genauso wie wir in der Kosmologie oder Kosmotheologie eine dramatische Wandlung der Perspektive vorgenommen haben, müssen wir das jetzt konsequenterweise also auch in der Anthropologie tun. Wir können die Hoffnung der Menschen angesichts des Todes nicht auf ein metaphysisches Prinzip stützen, das wir zur Begründung der Tatsache, dass es menschliches Bewusstsein und menschliches Leben gibt, einführen dürften, sondern unsere Hoffnung ergibt sich aus dem Verhältnis zu Gott. Wir trauen Gott zu, dass er uns im Tode nicht im Stich lässt.

Das ist etwas vollkommen anderes als die Selbstgewissheit des Sokrates im Gefängnis von Athen. Sokrates konnte seinen Schülern Kebes und Simmias erklären, dass die Seele nicht sterben werde. Bei allen Fragen, die er bei den Überlegungen selber entwickelte, schien ihm das evident. Es sei möglich, dass die Seele, sagt Simmias, beschrieben wird wie der Klang, den die Saiten einer Harfe oder Leier erzeugen. Aber wenn die Saiten der Leier zerrissen sind, Sokrates, ist dann nicht auch die Seele zerstört? Sokrates argumentierte bildhaft gesprochen damit, dass es die Leier gar nicht gäbe ohne die Komposition des Künstlers, der sie brauchte, um sein Stück zu spielen. Die Leier ist nur das Instrument, aber nicht die Komposition. Entsprechend der platonischen Ideenlehre liegt das, was mit einem Menschen gemeint ist, seiner Existenz zu Grunde. Es gibt also eine Idee, eine Schöpfungsvorstellung, und Gott wird gewissermaßen in diesem Erbe betrachtet wie ein Künstler, der vor die Staffelei tritt und ein Bild malt, das in ihm liegt – ein Michelangelo vor dem Marmorblock. So Gott, als er den Menschen schuf. Diese Idee, die der Schöpfer hat und in der Schöpfung verwirklicht, ist mit „Seele" zu umschreiben.

Ich gebe diese platonische Darstellung deswegen wieder, weil sie so falsch nicht wird, selbst wenn wir jetzt die folgende Einschränkung hinzufügen. Für die Naturwissenschaften ist die Idee ganz unmöglich, dass ein geistiges Prinzip von außen zur Materie hinzuträte, dann mit ihr verschmelzen würde im Zeugungsvorgang oder Schöpfungsvorgang, um dann verlebendigend die Erklärungsgrundlage für die Tatsache von Leben zu bieten. Es ist für die Naturwissenschaftler überhaupt nicht vorstellbar, dass es Geist gibt getrennt von Materie, sondern worauf wir hier immer wieder kommen, ist die Tatsache, dass geistige Prozesse gebunden sind an materielle Vorgänge und dass wir die ganze Dichotomie, die Zweiteilung, der Fragestellung aufgeben müssen.

Die Naturwissenschaften würden näherhin sagen: Aristoteles hatte recht, Geistiges ist nicht identisch mit Materie, sondern es ist ein Strukturprinzip von Materie. Das stimmt. Die Struktur von Materie mag man als Geist oder Seele bezeichnen. Aber wenn wir Materie in einer bestimmten Struktur antreffen, geschieht das durch eine ganze Reihe von Prozessen, die auf sich selber zurückwirken. Es stellt sich dann die Frage, wie komplex die jeweiligen Strukturen sind. Wir werden ein Wasserstoffatom nicht gerade als beseelt verstehen. Gleichwohl weist es eine Struktur auf, die wir nur mit erheblichem mathematischem Aufwand beschreiben können. Die Ableitung von Balmerserien aus Wasserstoffwolken zum Beispiel ist für die Astronomie bei der Analyse der Spiralarme unserer Galaxis außerordentlich wichtig geworden. Alles, selbst die kleinsten Strukturen der Natur, sind ein Wechselspiel von Prozessen, die immer wieder aufeinander bezogen sind.

Wenn wir uns komplexe Strukturen einmal vorstellen, wie etwa ein Biotop, eine Lebensgemeinschaft am Teich meinetwegen, dann ist deutlich, dass so viele Prozesse dafür sorgen, dass hier ein Gesamtsystem entsteht mit der Tendenz, auch eine gewisse Stabilität in der Zeit zu erreichen, sich gegen Störungen zu wehren und gegen Veränderungen abzuschotten, dass man, sehr abstrakt gesprochen, sagen kann: Leben bildet Zustände, die sich durch Energiedurchfluss auf einem hohen Niveau selber erhalten. Es wird Energie in dieses System hineingepumpt und schafft dadurch im Binnenraum Ordnung. Die Gesamtentropie des Kosmos mag dadurch vermehrt werden, aber im Inneren entsteht eine Struktur, ein Ordnungsmuster von hoher Komplexität. Wer will, mag dem biozönotischen System Teich daher eine eigene Seele zusprechen und seine Struktur als etwas geistig Grundlegendes verstehen. Mit anderen Worten: Man kann Seele definieren als eine Systemeigenschaft aller komplexen Systeme. Und so würden manche Biologen, Gregory Bateson und sein Team z. B. in den Fünfziger Jahren, den alten Begriff der Seele in gewissem Sinne brauchbar finden.

*Der Begriff der Seele findet ja in der gegenwärtigen Diskussion um die Entstehung des Menschen, bei der Frage, ab wann entsteht Leben, eine besondere Aktualität. Wie lautet Ihre Meinung dazu? Sobald Eizelle und Samenzelle vereinigt sind, ist beseeltes Leben vorhanden?*

■ Wir müssen, um diese so naheliegende Frage zu beantworten, doch noch einmal ins Weite schwärmen. Mancher wird, wenn wir so nüchtern naturwissenschaftlich über den Seelenbegriff und seine Wandlung uns Rechenschaft geben, enttäuscht sein: Gibt es denn dann gar keine Seele? Kein unsterbliches Leben? Es ist mir deshalb sehr wichtig, zu sagen: Diese biblische Hoffnung wird ja nicht widerlegt. Ich betone noch einmal: Was die Bibel meint, ist lediglich, es müsse im Menschen nichts Unsterbliches und Unvergängliches geben, wenn es doch Gott gibt. Auf dessen Seite liege alles begründete Vertrauen, dass er es mit uns gut meint und sich durchhält – bis zum Tode. Das ist unglaublich viel mehr als die Zuversicht auf irgendeine metaphysisch unzerstörbare Substanz im Menschen. Bei der Hoffnung auf Leben angesichts des Todes haben wir es wieder mit einem Dialog zu tun, einem Relationsgefüge zwischen Gott und Mensch. Wenn wir nun aber sagen: Gott hat sich natürlich etwas dabei gedacht, sehr menschlich gesprochen, als er Dich schuf, er hat mit Dir etwas ganz Bestimmtes vorgehabt – wenn wir so reden, nähert sich das dem sehr an, was Platon unter Seele verstanden hat. Nur sollten wir Platon dann nicht metaphysisch weiterverlängern, sondern wir sollten seine Kategorien, so wie er selbst am Ende seine Dialoge oft beschließt, wieder bildhaft auflösen. Was Platon mit seiner Metaphysik versucht hat, war im Grunde eine Rechtfertigung der Wahrheitsgehalte, die er im griechischen Mythos anzutreffen vermeinte, auf dem Reflexionsniveau allerdings, das durch die Philosophie der Kritik der Sophisten in seiner Zeit, im 5. Jahrhundert v.Chr., entstanden war.

Am Ende der platonischen Dialoge stehen, wie gesagt, zumeist Bilder. Und so sollten wir uns erlauben, seine ganze Philosophie zu verstehen. Wir hätten dann immer noch zwischen den Religionen über den Seelenbegriff eine sehr weit gefächerte, einander ergänzende Form des Austausches zu pflegen. Keine Religion weiß über das, was im Menschen ist und was speziell mit dem Menschen im Tode geschieht, besonders gut Bescheid. Religionen entwickeln Modelle, um sich ein Geheimnis zu erklären, und immer wieder kommen gleiche Modelle zustande. Wiedergeburt ist so ein Modell, Auferstehung ist so ein Modell, Himmelfahrt ebenso. Unsterblichkeit ist eine philosophische

Kategorie, die in den Mythen eigentlich nie eine Rolle gespielt hat. Es handelt sich um eine Sondervariante, die sich im angegebenen Sinne natürlich sinnvoll interpretieren lässt, aber die man nicht monokausal oder vollkommen isoliert favorisieren darf. Sonst ist das theologische Scheitern unvermeidbar.

Einen Schritt weiter: Wir haben mit dem Glauben an die Seele vor allem in der Anthropologie noch bis in die Fünfziger Jahre des 20. Jahrhunderts hinein versucht, ein falsches Denken dogmatisch abzusichern. Die Frage war: Von welchem Moment an ist der Mensch ein Mensch? Und das war zunächst einmal eine Frage für die Evolutionstheorie. Man hatte gegen große Widerstände der Kirche seit den Tagen Charles Darwins ja nicht nur die Überzeugung gewonnen, dass der Mensch sich aus dem Tierreich entwickelt habe. Die Paläontologen hatten angefangen, im Erdreich nachzuforschen. Die Diskussion um den Neandertaler war schon in den Achtziger Jahren des 19. Jahrhunderts spektakulär. Charles Darwin schien durch Knochenfunde dieser Art plötzlich belegt zu werden; und das in der Folgezeit immer mehr. Die Zeiterstreckungen dehnten sich immer weiter rückwärts. Man hat noch 1940 ungefähr in Zahlen von etwa einer Million Jahre gedacht, dass der Australopithecus als früheste Form des Übergangs zum Menschen gelebt habe. Wir rechnen heute mit 4,5 bis 6 Millionen Jahren für die Vorgeschichte der Geschichte des Menschen. Das ist gigantisch. Und wir sehen den Strom des Lebens heute in seiner ganzen Erstreckung sozusagen wie die Wolga fließen. Das hat in den Dimensionen inzwischen tatsächlich russisches Format. Aber die Frage blieb natürlich, von wann an ist ein Mensch ein Mensch?

1954 verkündete Papst Pius XII., wissend, wie er in allen Bereichen war, in der Enzyklika Humani generis, dass wir folgendermaßen zu glauben hätten: Die Paläontologen haben gezeigt, dass der Leib des Menschen aus der Tierreihe stammt – das ist nun jedem Zoobesucher ersichtlich, dass der Körperbau von Tier und Mensch doch große Ähnlichkeiten aufweist. Aber der Geist, meinte der Papst, sei unterschiedlich, und das liege an der Seele. Zu glauben ist also, dass zwar Gott, weil er den Menschen ja aus Lehm geschaffen hat, aus schon vorhandenem Stoff, ihn hat hervorgehen lassen aus der Tierreihe, so der biologische Standpunkt. Aber der Theologe kommt nun und sagt: dass der Mensch denken kann und zu Bewusstsein erwacht ist und zum Menschen wurde, das geschehe durch die Vernunftseele, die Gott ihm eingehaucht habe.

Diese Vorstellung hat für die katholische Dogmatik in der Tat eine essentielle Bedeutung in vielen Zusammenhängen. Genau betrachtet, handelt es sich um die Lehrmeinung des Kreatianismus: Wenn Gott den Menschen generell dadurch geschaffen hat, dass er, sagen wir, in einen Affenkörper eine Vernunftseele eingehaucht hat, dann muss ja ein analoger Vorgang immer wieder stattfinden, bei jedem Menschen, der entsteht. Denn die Seele selbst zeugt sich ja nicht weiter, sonst wäre auch sie nur ein sterbliches Prinzip. Sie soll aber unsterblich sein. Also ist zu denken, dass im Himmel ein Reservoir von unzählig vielen unsterblichen Seelen existiert, von denen eine in jedem Moment eines Zeugungsaktes, wo ein Körper sich bilden könnte, der Materie eingesenkt wird.

Diese Lehre ist für die katholische Kirche auch der geistige Hintergrund in der Frage der Abtreibung. Denn hier spielt die Vorstellung eine Rolle, dass der Mensch in dem Moment gebildet werde, wo Samen und Eizelle miteinander verschmelzen. In dem Moment schaffe Gott diesem entstehenden Zellgebilde die unsterbliche Seele ein. Und von da an sei es ein Mensch. Diese Auffassung ist freilich selbst in der katholischen Theologie nicht unstrittig, denn es ist ja auch möglich, dass Gott zu irgendeinem beliebigen anderen Zeitpunkt die unsterbliche Seele dem entstandenen Gebilde zufügt. Es sind sogar große Schwierigkeiten bei dieser Vorstellung zu überwinden: Denn dieses Zellgebilde kann sich noch einmal teilen, es können Zwillinge entstehen. Hat Gott dies nicht vorhergesehen und erst einmal eine Seele geschaffen, aber dann festgestellt, dass er damit nicht auskommt? Und ja, wie nun? Hat er die erste Seele wieder zurückgenommen und zwei andere dafür eingesetzt, oder je nach Bedarf vier andere, wie auch immer? Der Schöpfungsvorgang scheint unter solchen Denkvoraussetzungen sehr verwirrt. Vielleicht sollten wir deshalb überhaupt sagen, Gott überlege sich die ganze Sache und schaffe, um sicher zu gehen, überhaupt erst die unsterbliche Seele in dem Moment, wo die Strukturen der Materie einige Zuversicht bilden. Darum kann man in manchen kirchlichen Texten auch lesen, dass ein Mensch vom Moment der *Empfängnis* an entsteht und schützenswert ist. Empfängnis ist nicht identisch mit der Befruchtung einer Eizelle. Empfängnis bedeutet die Einnistung der Eizelle, die Nidation in der Gebärmutterschleimhaut, in dem mütterlichen Organismus. Wir müssten dann aber zur Kenntnis nehmen, dass ungefähr fünfzig Prozent aller befruchteten Eizellen durch natürlichen Abort zu Grunde gehen, weil die Uterusschleimhaut der Frau sich weigert, die Zelle aufzunehmen oder weil die Einnistung so problematisch ist, dass sie nach wenigen Tagen zu weiteren Lebensprozessen nicht zugelassen wird. Es gab Theologen, die im Mittelalter der Meinung waren – Augustinus im übrigen im 4. Jahrhundert n. Chr. hat dies ebenfalls vertreten –, dass erst nach etwa zwölf Wochen, wenn die embryonalen Formen sich morphologisch menschlichen Strukturen annähern, die Seele geschaffen werde. Das deckt sich im Ungefähren auch mit den Gedanken der heutigen Fristenlösung in der Rechtsprechung.

Das Problem besteht darin, dass eine Theologie des Kreatianismus noch nicht gelernt hat, evolutiv zu denken. Es ist nicht möglich zu sagen: In diesem Moment entsteht der Mensch; vorher war kein Mensch, aber jetzt, von genau diesem Moment an, den wir auf dem Sekundenzeiger angeben können, hier wird die Eizelle befruchtet, und da ist es ein Mensch. Die Samenzelle ist noch kein Mensch, die Eizelle ist noch kein Mensch, aber das Zusammenkommen von beiden macht den Menschen. Oder: Hier ist die befruchtete Eizelle, die ist auch noch kein Mensch; aber jetzt ist sie in der Uterusschleimhaut, und da ist sie ein Mensch, weil sie beginnt, ein eigenes Leben zu führen, wenn auch angelehnt an den Stoffwechselhaushalt des mütterlichen Organismus. Solche genauen Definitionen sind nicht möglich, weil wir es an jeder Stelle zu tun haben mit Werdeprozessen.

In der Evolution der menschlichen Spezies stehen wir phylogenetisch vor demselben Problem: Ist der Australopithecus ein Mensch? Der Nomenklatur nach nicht. Er ist ein Südaffenmensch, aber kein Mensch. Ist der Homo habilis ein Mensch? Wir bezeichnen ihn so, aber im Grunde ist er immer noch ein Australopithecus. Ist der Homo erectus, der vor einem so riesigen Zeitraum von fast zwei Millionen Jahren lebte, ein Mensch? Wir nennen ihn aufrecht gehenden Homo. Aber das ist falsch, der Australopithecus ging auch aufrecht. Ob also der Homo erectus ein Homo ist? Wahr ist, dass er spätestens vor einer Million Jahren sich als Kannibale betätigt hat und dass er Feuer angelegt hat, jedenfalls in den Formen, die vor

450 000 Jahren auch hier in Deutschland Spuren hinterlassen haben, in Bilzingsleben in Thüringen zum Beispiel. Der Homo erectus war offensichtlich imstande, Waffen herzustellen. Das macht ihn zu unseresgleichen, zu einem Homo, obwohl der biologische Abstand so gewaltig ist, dass wir mit ihm vermutlich nicht kreuzungs- und paarungsfähig wären und einen riesigen Schrecken hätten, wenn uns ein solcher Kerl begegnen würde. Der Abstand allein in der Geschichte des Menschen vom Menschen ist so unglaublich groß, dass wir ihn, selbst biologisch, als Artenschranke interpretieren müssen. Wir hätten größte Schwierigkeiten, uns eine biologische Verschmelzung des Homo erectus mit dem Homo sapiens vorzustellen, und das bei Lebewesen, denen wir Vernunft nicht absprechen können, die auch rudimentäre Formen von Religion besessen haben werden, so sicher wie sie rudimentäre Formen von Kultur hatten.

Mit anderen Worten, es hat den Menschen fertig nie gegeben. Er ist nicht irgendwann fertig vom Himmel gefallen – plötzlich wäre er da gewesen. Er ist das Ergebnis eines strauchartigen Entwicklungsprozesses, den wir nie ganz präzise fassen können.

Und wir müssen uns nun denken, dass diese riesigen evolutiven Prozesse sich in Windeseile noch einmal in der Geschichte jedes Individuums rekapitulieren. Auch da ist es nicht möglich, einfach zu sagen: Von diesem Moment an haben wir einen Menschen vor uns, sondern da existieren eine Fülle von Entwicklungen, die sich erst langsam auf ein Ergebnis festlegen. Mit anderen Worten: Die Frage, wann ist ein Mensch ein Mensch, ist biologisch nicht eindeutig zu beantworten. Eine Antwort ist nicht einmal theologisch sonderlich klar, sondern nur durch Gewaltakte der dogmatischen Festsetzung scheinbar gesichert gegeben. Unbezweifelbar ist alles genetische Material, aus dem ein Mensch entsteht, menschlich. Aber das gilt in gewissem Sinne auch von jeder Samenzelle, von jeder Eizelle. Für die katholische Theologie war diese Tatsache übrigens der Grund, dass sie noch in den Dreißiger Jahren des vergangenen Jahrhunderts vor allem in Bayern vom weißen Tod gepredigt hat, wonach auch schon der freiwillig herbeigeführte Samenerguss eine Art von Mord sei, weil ja die vielen Millionen Samenzellen alle menschliches Leben seien. Das sind sie ohne Zweifel. Sie können sich selber bewegen, sie sind imstande zu einer Reihe von Aktionen. Da ist Leben, menschliches Leben. Aber ist das jetzt schützenswert? Das müsste es ja sein, wenn diese Logik Bestand hätte, dass alles, was menschliches Leben werden könnte, eben weil es menschliches Leben sein kann, auch deshalb Leben werden muss.

Die Natur denkt so nicht. Die Natur vergeudet und verschleudert ungeheure Möglichkeiten zum Leben, alle von größter Kostbarkeit. Sie kann sich das offensichtlich leisten. Ja, sie will überhaupt nicht, dass alles, was leben könnte, leben soll. Schauen wir uns um, wie die Natur sonst mit Lebensformen umgeht: Auch da wird befruchteter Samen im Verhältnis von $1 : 10^n$ vergeudet. Unter jeder Linde passiert das und unter jeder Kastanie. Von Tieren, die sechs Junge werfen, werden ein oder höchstens zwei leben dürfen, damit nicht das Artengleichgewicht in einem bestimmten Biotop durcheinander kommt. Für die Natur ist diese „Vergeudung" normal. Die kirchliche Ethik und die von ihr abgeleiteten Positionen verlangen hier eine absolute Ausnahme für uns Menschen. Von „Artegoismus" hat der britische Biologe Richard Dawkins einmal gesprochen – im Zusammenhang mit der Abtreibungsdebatte, die immer wieder darauf hinausläuft, dass jedes menschliche Embryo ausgetragen werden müsse, unter allen Umständen, mit allem medizinischen Einsatz, der uns heute möglich ist. Ich glaube, dass er da nicht nur biologisch recht hat.

*Das würden Sie als Theologe auch unterschreiben?*

▨ Wir betreiben eine Ethik, in der der Mensch absolut schützenswert erscheint, und zwar in jedem Stadium, unter allen Umständen. Mit dem Rest der Welt glauben wir, machen zu können, was wir wollen. Das ist nicht gerecht, und es wird den Erkenntnissen der Biologie nicht gerecht. Das ist das Produkt einer bestimmten Metaphysik, die selber erhebliche Denkschwierigkeiten mit sich bringt und nicht die unbefragte Grundlage von ethischen Entscheidungen sein sollte. Da begegnet sie uns wieder – die Trennung von Naturwissenschaft und Theologie.

*Ein Kennzeichen dieser Trennung: Die Ideologie ist wichtiger als die naturwissenschaftliche Erkenntnis?*

▨ Diese Art von Theologie hat dahin geführt, dass wir die Biologie im Grunde instrumentalisieren, statt sie ehrlich zu reflektieren. Der katholische Standpunkt in der gesamten Diskussion um den § 218 macht doch deutlich, dass die Zweideutigkeit schon im Begriff herrscht: Man sagt, jede befruchtete Eizelle sei menschliches Leben und müsse geschützt werden. Aber dann sagt man wieder so nicht, sondern spricht vom Moment der Empfängnis. Man hat den Gebrauch der

Spirale z. B., den Mediziner vielen Frauen anempfohlen haben, hunderttausendfach, in der katholischen Diskussion, nicht ohne Folgerichtigkeit, als *Frühabtreibung* definiert. Mit der Spirale hindert man ja nach katholischer Auffassung ein fertig ausgeprägtes Leben, für das Gott schon die unsterbliche Seele hat inkarnieren lassen, daran, leben zu können. Das ist Frühabtreibung, sagt man, das ist Mord. Ich habe Gespräche mit Frauen geführt, die nachgerechnet haben, wie oft sie zu Mörderinnen wurden, weil sie eine Spirale in sich tragen. Das sind die Schönheiten dieser, wie mir scheint, absurden Moral. Aber auch die Gegenfrage gilt: Wieso ist Leben, menschliches Leben, erst schützenswert mit der Empfängnis? Nach der Nidation? Das ist logisch nicht begründbar.

Man muss zugeben: Wir haben hier keine Festlegung, die wir einfach setzen könnten.

In katholischen Kliniken wird übrigens der Kampf gegen die Amniozynthese weiter geführt; Fruchtwasseruntersuchungen können ja zu dem Ergebnis führen, dass den Eltern die Erkenntnis nahegebracht werden muss, ihr Kind sei so schwer krank, dass es eigentlich nicht imstande sein werde, von sich her ein eigenes Leben zu führen. Darf eine Frau dann abtreiben? Aus medizinischen Gründen? In katholischen Kliniken will man deshalb oft keine Fruchtwasseruntersuchung, allenfalls um dann später postnatal die notwendigen Pflegemaßnahmen zu organisieren. Wenn die Diagnose schwere Rückenmarksschäden, schwere Hirnschäden zeigt – darf, kann oder soll eine Frau mit dieser Diagnose ihr Kind jetzt austragen? Das soll sie unbedingt, sagt die katholische Moral. Ich glaube aber nicht, dass man einer Frau zur ethischen und religiösen Pflicht machen darf, dass sie ein schwer krankes Kind unter allen Umständen auszutragen hat.

Die Natur kennt offensichtlich große Schwankungsräume und experimentiert offensichtlich auch im Individualbereich, ob das, was jetzt entsteht, lebensfähig ist oder nicht. Wenn sie so deutlich zeigt, dass etwas von sich her nicht lebensfähig ist, dann sollte man sich ihrem Urteil fügen dürfen und nicht mit allem, was moderne Medizintechnik heute kann, dagegen ankämpfen müssen. Ich glaube, dass das weder menschlich noch biologisch richtig ist. Natürlich kann es Situationen geben, wo eine Frau sich sagt: „Ich will mein Kind austragen. Ich definiere den ganzen Rest meines Lebens in Fürsorge zu etwas, das an sich gar nicht leben könnte und biologisch vielleicht auch gar nicht leben sollte. Ich möchte aber, dass es lebt." Darin ist selbstverständlich ein hoher menschlicher Wert gelegen. Aber kann man diese Haltung zur Pflicht machen? Kann man verordnen, dass das ganze soziale und psychische Umfeld einer solchen Frau dann auch so eingerichtet ist, um mit einer solchen Entscheidung fertig zu werden? Das kann man meiner Meinung nach nicht. Dann aber steht man derselben Tragödie oder demselben Entscheidungsprozeß gegenüber, der in der Natur überall begegnet: Leben möchte entstehen, aber es ist eine Frage von vielen Faktoren der Umgebung, ob es an dieser Stelle sich wirklich entwickeln kann. Hier sind Entscheidungsräume, die wir Menschen mit unserer eigenen Verantwortung sollten ausfüllen dürfen.

# Medizin und Ethik

*Aber darf man denn mit Embryonen experimentieren? Wie ist das ethisch zu beurteilen, wenn Wissenschaftler sagen: „Ich kann aus diesen Embryonen aber noch etwas machen für den kranken Menschen. Ich kann daraus noch etwas züchten"?*

■ Die Medizin wird uns zunehmend in eine ganze Reihe von ethischen, anthropologischen und weltanschaulichen Krisen bringen. Das ist unvermeidbar, und wir stehen ganz sicher überhaupt erst am Anfang. Von daher glaube auch ich nicht, dass ich jetzt eine Palette von Antworten präsentieren kann, die für die nächsten tausend Jahre als Handlungsanweisung abzurufen wären. Ich kann mir nur meine Gedanken machen.

Da ist es einmal, dass der Medizin die Möglichkeit erwachsen ist, Organe zu transplantieren. Für mich ist das in gewissem Sinne eine tröstliche Tatsache geworden. Ich glaube, ich war schon hundertmal zum Blutspenden, was ja auch eine Art von Organtransplantation ist, wenn man so will, und ich stelle mir einfach vor, dass der Tod noch einen zusätzlichen Sinn darin bekommt, dass Teile meines Körpers, wenn er in sich nicht mehr lebensfähig ist, doch dem Leben eines anderen helfen können, zumal – nach meiner Meinung: *leider,* aber auch das kann man diskutieren – die Organbanken außerordentlich schmal sind, weil die Spendenbereitschaft unserer Bevölkerung – aus vielen animistischen Ängsten heraus! – immer noch nicht sehr groß ist. Die Organbanken befinden sich in einer ziemlichen Notlage.

Mit anderen Worten: Jemand, der beispielsweise zuckerkrank ist und eine neue Bauchspeicheldrüse, eine neue Niere braucht, kann monatelang warten. Es können entscheidende Monate für sein Leben sein. Zynischer noch, er wird höchstwahrscheinlich warten müssen bis zum nächsten Sommer, wenn viele junge Leute mit ihren Motorrädern so sinnlos fahren, dass das Todesrisiko wächst. Und das bietet eine gute Chance für irgendeinen Organaustausch. Das ist so makaber, dass ich nur hoffe, es wäre die Bereitschaft größer, sich vorzustellen, dass wir überhaupt nicht isoliert leben, sondern ständig im Austausch zueinander stehen. Der eine setzt seinen Körper ein für Dienstleistungen, die dem Körper eines anderen zu Gute kommen. Das ist ganz normal. Es ist das, was wir arbeiten nennen. Und das tun wir nie nur für uns, es dient auch immer anderen. Dieser Austausch muss doch nicht im Tode aufhören. Wir hängen in allen Lebensweisen und Lebenslagen viel inniger zusammen, als wir es uns wirklich klarmachen oder als wir es uns vorstellen – getrennt und isoliert mit unsterblichen Seelen, die alle individuiert vor Gott stünden. Zumindest der materielle Stoff, aus dem wir sind, verbindet uns, und unser Denken sollte es auch tun.

Der nächste Schritt: Wir stellen natürlich fest, dass es Immunschranken bei der Organtransplantation gibt. Es ist sehr schwer, diese Immunschranken zu unterlaufen. Chirurgisch haben wir inzwischen kaum noch Probleme beim Transplantieren sogar eines Herzens, aber wir stoßen auf ganz erhebliche Schwierigkeiten bei der Überwindung der Immunbarrieren. Deswegen sind Forscher heute darauf gekommen, dass man pluripotente, also zu jedem Zelltyp fähige Stammzellen, die noch nicht differenziert sind, in bestimmte Richtungen sich entwickeln lässt. Es entwickelt sich dann kein ganzer Mensch, sondern wirklich nur der Teilbereich, der evolutiv im Genom in diesem Abschnitt lesbar und kopierbar ist. Man liest aus dem großen Buch des Lebens in diesem Falle nicht das Ganze, sondern nur ein kleines Kapitelchen, und hätte dann aus dem Körper eines Menschen, auf Grund der Züchtung von Stammzellen, Organe gebildet, die dem „Spender" genauso eigen sind wie seine eigenen Samen- oder Eizellen. Die Organe, die auf diese Weise entstehen würden, wären mit dem Immunsystem absolut kompatibel. Sie sind wie ein Teilorgan, das am eigenen Körper vorbei, aber mit den Kräften des eigenen Körpers entwickelt wurde und ihm nun wieder zurückgegeben wird.

Ich glaube, dass die Medizin noch lange nicht so weit ist, von diesen Möglichkeiten, die sie sich gerade selber vorstellt und sich mit vielen Experimenten zu verschaffen sucht, all das zu tun, was wir als Horrorszenario oft abgebildet finden. Nehmen wir aber einmal an, es wäre eines Tages möglich, ohne große Schwierigkeiten, ohne einen unbezahlbaren finanziellen Aufwand, zumindest ab und an Organe aus Stammzellen zu bilden, die dann implantiert werden könnten, z. B. ein Herz, eine Niere, dann würde ja so Ungewöhnliches nicht geschehen sein. Der Körper eines Menschen, sagt man, tauscht sich in etwa sieben Jahren vollständig aus. Das heißt, die Strukturen unseres Körpers bleiben erhalten, aber das gesamte Material hat gewechselt. Das Material, das wir einbauen, stammt aber nicht von uns selber, sondern aus Stoffen, die durch andere Lebenskreisläufe gegangen sind. Der Einbau embryonaler Stammzellen, die ja dem eigenen Körper entstammen, sollte ethisch ebenso unbedenklich sein.

*Aber man tötet dabei menschliches Leben. Ist das nicht ein schweres ethisches Problem?*

■ Es ist wahr: Beim Züchten embryonaler Stammzellen werden embryonale Zellen „verbraucht". Aber was geschieht da? Nach drei Tagen, von der Befruchtung einer Eizelle durch eine Samenzelle an gerechnet, besteht ein Embryo aus genau 16 Zellen, die am vierten Tage eine sogenannte Blastozyste bilden; aus den embryonalen Stammzellen im Inneren dieser Hohlkugel entstehen alle Körperzellen; verfügt man über die nötige Kenntnis und die nötige Technik, so kann man im Prinzip aus solchen Stammzellen jedes gewünschte Organ künstlich heranbilden. Ob man das ethisch darf, hängt zum einen davon ab, wie wir den Anfang menschlichen Lebens definieren wollen, und diese Frage ist nicht so einfach, wie manche Kirchenleute es sich machen, wenn sie, scheinbar biologisch argumentierend, erklären, vom Augenblick der Befruchtung an liege menschliches Leben vor; die rechtliche Regelung in Deutschland folgt dieser Ansicht, aber nicht ohne Widersprüche. Hunderttausende von Frauen zum Beispiel verwenden zur Verhütung ungewollter Schwangerschaften die Spirale; sie verhindern damit eine „Empfängnis", das heißt, eine Einnistung der befruchteten Eizelle in der Gebärmutterschleimhaut. Aber sind sie deshalb – so der offizielle Standpunkt des katholischen Lehramts – „Mörderinnen" oder „Frühabtreiberinnen"? Ich denke nicht, und jedenfalls denkt auch die Natur so nicht, denn etwa fünfzig Prozent von den befruchteten Eizellen, eine enorme Zahl immerhin, gehen durch natürlichen Abort verloren. Die katholische Kirche müsste bei den heutigen medizinischen Möglichkeiten und bei einiger Konsequenz eigentlich fordern, dass der „Massenmord" der Natur an „unschuldigen Menschen" verhindert wird; die Mediziner stünden unter der Pflicht, die Gleichgültigkeit der Natur durch Kontrolle, eigentlich also durch künstliche Befruchtung und Nidation, zu überwinden – ein doch offenbar absurder Gedanke, der zeigt, dass die geistige Argumentationsgrundlage nicht stimmt. In England zum Beispiel wird eben deshalb der Beginn menschlichen Lebens mit dem Zeitpunkt nicht der Befruchtung, sondern der Empfängnis gleichgesetzt, wenn also etwa um den 12. Tag eine Blastozyste, die jetzt aus ca. 100-200 Zellen besteht, sich in der Gebärmutter einnistet. Auch diese Definition ist nicht ohne Willkür, aber sachlich in meinen Augen weit besser begründet, ganz abgesehen davon, dass sie der wissenschaftlichen Forschung zu Gunsten kranker, leidender Menschen größere Möglichkeiten verschafft. Absolut ausgeschlossen werden muss natürlich der Eingriff in die Keimbahn zur Bildung „optimierter" Eigenschaften von Menschen und, ich sage noch einmal: auch von Pflanzen und Tieren. Daran hindern sollte uns die Ethik, gestützt auf die biologische Vernunft: Die Natur stellt niemals etwas „Neues" her ohne die kontrollierenden Rahmenbedingungen der Koevolution anderer Arten; wir dürfen nicht einfach die Ordnung der Natur kurzschlüssig „verbessern" wollen.

*Tatsächlich sind wir davon auch noch entfernt. Was aber ist es bei der pränatalen Implantationsdiagnostik – darf man „lebensunwertes Leben" „selektieren"? Ist das nicht gerade in Deutschland ein furchtbarer Gedanke?*

▪ Das ist, wenn es so kommt, überall auf Erden ein schrecklicher Gedanke. Aber das Problem liegt tiefer. Die Natur produziert immer wieder genetische Fehler, und sie sorgt unter natürlichen Bedingungen selber für die Ausschaltung dieser ihrer „Fehler" beim „Abschreiben" der Erbinformation durch die Kontrollmechanismen der Selektion. Unsere Kultur, unsere Zivilisation, hat die Selektion weitgehend ausgeschaltet: Statt fünfzig Prozent Kindersterblichkeit in den ersten fünf Lebensjahren unter „natürlichen" Lebensbedingungen kann bei entsprechender medizinischer Versorgung die Kindersterblichkeit auf weit unter zwei Prozent gesenkt werden; das ist unser heutiger zivilisatorischer Standard, über den wir froh sind, der aber dazu führt, dass genetische Krankheiten sich vermehren – es gibt in der Natur nichts umsonst. Und nun entsteht für ein Paar, das genetisch belastet ist (Zuckerkrankheit, Hasenscharte, Trisomie 21 – was Sie wollen), die Frage, was zu tun ist: Eheleute können, zum Beispiel unter Verwendung einer Spirale, auf eigene Kinder verzichten, doch dann lassen sie in der beschriebenen Weise generell menschliches Leben, sogar womöglich gesundes Leben, nicht zum Leben zu. Natürlich kann man solchen Paaren empfehlen, ein Kind zum Beispiel aus Ländern der Dritten Welt zu adoptieren – es scheint tatsächlich aberwitzig, mit einem enormen Aufwand einem möglichen Kind in den Industrieländern zum Leben zu verhelfen, während man mit demselben Aufwand sogar etliche Dutzend Kinder in der Dritten Welt vor den Folgen des Hungers und der Unterernährung bewahren könnte. Doch das ist jetzt nicht das Problem der PID – der pränatalen Implantationsdiagnostik. Hier sehe ich die Situation folgendermaßen:

Wir haben es mit Eltern zu tun, die unbedingt ein eigenes Kind zur Welt bringen möchten. Dieser Wunsch zählt immerhin zu den tiefstverankerten Wünschen der Evolution; aber sie wollen und dürfen nicht ein krankes Kind zur Welt bringen; sie wollen und dürfen es nicht *aus Verantwortung*: sich selbst gegenüber, ihrer Familie und ihrer sozialen Umgebung gegenüber und auch dem möglichen Kind gegenüber: Wie soll es verantwortbar sein, ein Kind in die Welt zu setzen, von dem man im voraus weiß, dass sein Leben wesentlich in Schmerz, Leid oder geistiger Verwirrtheit bestehen wird? Diese Eltern fragen also die heutigen Mediziner, ob sie bei einer befruchteten Eizelle erbbedingte Schäden feststellen können. Wenn nicht, ist alles gut. Wenn aber doch? Wenn verbunden mit sehr schweren Schäden? Ich persönlich sehe dann nichts anderes, als dass man in diesem Fall den Eltern, vor allem der betroffenen Frau, die Entscheidung überlässt.

An dieser Stelle ist die Problematik der Abtreibung offenbar dieselbe wie im Falle der Abtreibung auf Grund der medizinischen Indikation anhand einer Fruchtwasseruntersuchung; nur ist bei der PID der Zeitpunkt für alle Beteiligten weit günstiger. Ein Kind im 6. Monat der Schwangerschaft ist zu einer ganzen Reihe von Empfindungen imstande, eine Blastozyste im Alter von sechs Tagen empfindet gar nichts; es geht nicht um „Abtreibung", sondern „nur" um die Verhinderung möglichen menschlichen Lebens: Es wird eine Empfängnis von Leben gar nicht geben!

In meinen Augen hat die Medizin die Aufgabe, Leiden in jeder Form zu verringern und zu vermeiden. Mitleid ist deshalb die wichtigste Tugend eines Mediziners oder sollte es doch sein. Und dann erinnere ich noch einmal im Vergleich an die Mitleidslosigkeit, mit der wir für die Einführung eines neuen Medikaments oder zum Gewinnen einer neuen Erkenntnis viele tausend Tiere, die Schmerz und Leid in vielfältiger Weise empfinden können, verbrauchen. Das Mitleid sollte uns vieles von dem verbieten, was wir Tieren antun, aber manches von dem erlauben, was Menschen Leid ersparen könnte. Mit der

„Vernichtung lebensunwerten Lebens" hat das absolut nichts zu tun. Seit wann hätten Faschisten und Nationalsozialisten wirklich Mitleid gehabt?

Ich glaube, wir könnten bei dem vorgeschlagenen Gedankengang, der sicher nicht „unfehlbar" ist, eine Reihe von logischen Aporien, psychischen Tragödien und medizinischen Engpässen vermeiden, anders, als wenn wir den Standpunkten etwa der „unfehlbaren" Lehrmeinung des Papstes und der römischen, aber auch der evangelischen Kirche in diesem Punkte in Deutschland folgen. – Wir sollten noch hinzufügen, dass zum Beispiel die Züchtung sogenannter monoklonaler Stammzellen oder auch „adulter" (dem erwachsenen Menschen etwa aus dem Rückenmark entnommener) Stammzellen im Kampf gegen Leukämie und Sichelzellenanämie, nachdem sie im Prinzip Anfang der 70er Jahre gefunden wurde, seit zwei Jahren auch in Deutschland erfolgreich weiterentwickelt wird. Hier hat man ethisch, jedenfalls bisher, kein Problem gesehen. Obwohl es sich doch auch hier um „menschliches Leben" handelt, mit dem geforscht und gearbeitet wird, möchte ich es so sagen: Ein Patient ist ein Mensch, Stammzellen, ob adulte oder embryonale, sind menschlich, aber keine Menschen.

*Also zu diesem Zeitpunkt noch keine Menschenwürde?*

▓ Keine unbedingte, daran liegt es. Unbedingte Schutzwürdigkeit im Rahmen von Gesetz und Moral scheint mir erst gegeben, wenn eine Fähigkeit zur Selbstwahrnehmung, zum Beispiel von Schmerz, in der Embryonalentwicklung vorliegt. Das ist etwa in der Zeit vom vierten Monat an der Fall.

*Bis dahin also ein Zellhaufen?*

▨ Aber von höchstem Anspruch! Alles, was in dem „Zellhaufen" eines Embryos drin steht, kann einen Beethoven, einen Goethe hervorbringen, und selbst wenn es das nicht tut – jeder Mensch ist eine unglaubliche Kostbarkeit. Also, dass wir damit absolut behutsam umgehen müssen und sollten, steht außer Frage. Aber ich muss gleichzeitig darauf hinweisen: Wir sind schon dadurch schizophren, dass wir Ethik nur im Umgang mit uns selber formulieren. So sind wir beispielsweise weit entfernt davon, die Problematik des Klonens, das wir mit Tieren inzwischen im Rahmen der Agrarindustrie etabliert haben, als ein wirkliches Problem zu sehen. Wir bilden uns immer noch ein, dass wir mit Tieren machen könnten, was wir wollten, selbst bis in Zustände hinein, wo wir wirklich mit fühlenden Lebewesen experimentieren. An dieser Stelle habe ich höchste Bedenken. Wenn wir mit Leben konfrontiert sind, das zu fühlen imstande ist, haben wir Lebewesen vor uns, die von innen her ein Interesse an ihrem Selbsterhalt entwickeln und die selber darauf angelegt sind, bestimmte Zustände zu vermeiden und bestimmte Zustände aufzusuchen. Daraus ergibt sich auch so etwas wie ein Rechtsanspruch, etwas wie ein eigener Wille, der sich selbst formuliert und der beachtet werden will. Ich glaube nicht, dass wir mit Tieren machen können, was wir wollen. Um es noch einmal auf den Punkt zu bringen: Das Klon-Schaf „Dolly" ist für mich in diesem Sinne ein größeres Problem als die Züchtung bestimmter körpereigener Organe aus den eigenen Stammzellen.

*Ist es nicht problematisch, dass diese Forschung mit sehr viel Geld betrieben wird und dass man einfach nicht weiß, wo werden die Grenzen sein? Wird das menschliche Erbgut letztlich zu einem Industriegut, zu einer Ware?*

■ Ganz sicher. Das Problem liegt aber nicht eigentlich lösbar an diesen Konkretionen, sondern ergibt sich aus Zusammenhängen, die viel weitergehen, dann aber sich auch wieder strauchartig verbreitern. Ein Problem ist die Bindung all unserer heutigen Wissenschaft an Kapitalgeber von immenser Potenz. Es wird ja primär nicht geforscht, um das menschliche Wissen zu vermehren, sondern um Geld zu vermehren. Sobald irgendetwas gefunden wird, muss es in den technischen Gebrauch, um Produkte zu erstellen, die auf dem Markt wieder das vorgeschossene Kapital plus enormen Profitspannen einfahren sollen. Deswegen noch einmal: Es wäre mir sehr wichtig, dass wir etwas täten, auf das die heutige Politik nicht vorbereitet ist. Wir müssten den gesamten Bereich Forschung an das Ministerium zurückgeben, das den Titel trägt, ans Forschungsministerium. Wir müssten den Forschungsbereich aus der Wirtschaft herausnehmen und unter staatliche Kontrolle stellen, unter demokratische Kontrolle. Wir dürften, glaube ich, uns nicht länger gefallen lassen, dass ein paar Wirtschaftszentralen die Welt in der Hand haben wie eine Billardkugel.

Genau das ist aber heute der Zustand. Niemand hat irgendeine Mitsprache. Es gibt keine demokratische Kontrolle über die Prozesse, die da ablaufen. Die Politiker selber haben in den seltensten Fällen auch nur eine Ahnung, was wirklich geschieht. Sie werden konfrontiert mit Ergebnissen, die sie hilflos, aber meist „positiv" propagandistisch debattieren; anschließend kommen Kirchenführer und geben den Bedenkenträgern recht, weil sie von der Sache auch nicht viel verstehen, und am Ende wird man erleben, dass einmal mehr die Deiche gebrochen sind.

Das lässt sich eigentlich nur einstellen, wenn wir die Forschung vom Geld trennen. Das Geld, das für die Forschung nötig ist, sollte nicht einfach aus dem Wirtschaftskreislauf abgeführt werden, sondern zumindest durch staatliche Kontrollsysteme gefiltert werden. Auch der Staat hat zwar nur Geld durch die Wirtschaft. Aber er sollte eine eigene Entscheidungsmacht behalten, so wie beim Straßenbau etwa oder so wie bei den Auflagen im Umweltschutz oder bei anderen Dingen, die nicht privatwirtschaftlich organisiert werden, sondern in staatlicher Kontrolle liegen.

Aber was wir erleben, ist das Gegenteil: Der Staat als Kapitaleigner wird immer weiter abgebaut, selbst das Gefängniswesen soll inzwischen privatisiert werden. Funktionen, die unmittelbar sogar an staatliche Entscheidungen gebunden werden, geraten in den privaten Wettbewerb. Die Ergebnisse sind horrende, weil die betriebswirtschaftliche Logik in Wechselkonkurrenz der Betriebe selber nichts weiter will als Profitmaximierung durch Rationalisierung.

Eine der Folgen dieses Verhaltens finden wir gerade in Australien. Man hat Amerikaner daran gelassen, Asylcamps aufzubauen. Es sind nicht Kritiker, es sind objektive Beobachter, die sagen, das sieht nicht nur so aus wie Konzentrationslager, das sind Konzentrationslager. Das kann man also haben. Man kann Hunderte von Menschen sehr billig verbringen, nur sind die Zustände dementsprechend.

Ich will damit nur andeuten: Überall da, wo es um viel Geld geht, darf nicht geforscht werden mit Leben oder am Leben, denn es wird nie zugunsten des Lebens sein, sondern immer zugunsten der Selbstvermehrung des Kapitals. Das muss verhindert werden. Die Forschung sollte zweckfrei bleiben. Und dann müsste es in aller Regel einen langen Zeitraum der Nachdenklichkeit geben dürfen, in dem wir darüber befinden können: Was wollen wir mit unseren Erkenntnissen?

Das hätte so z. B. sein müssen spätestens bei der Atomwissenschaft. Es hat ja diese glückliche Phase, wenn man so will, gegeben – von 1900 mit Planck's Quantentheorie, 1905 mit Albert Einsteins spezieller Relativitätstheorie. Es hat fast dreißig Jahre gegeben, in denen man theoretisch wusste, dass Energie sich in Materie und Materie in Energie umwandeln lässt. Aber kaum dass man merkte, wie das praktisch ging, fing man an, die Atombombe zu bauen – unter der Vorherrschaft wirtschaftlichen und militärischen Denkens. Und dieser militärisch-industrielle Komplex hat eine so überdimensionierte Form der Durchsetzungsfähigkeit gewonnen, dass er ja wiederum durch nichts demokratisch unter Kontrolle zu bringen ist. Wir brauchten einen stärkeren Staat, in all diesen Punkten, wenn denn der Staat die Interessen seiner Bevölkerung wahrnehmen will. Der zynische Umgang mit Leben zur Profitmaximierung hat mit den Menschen nichts mehr zu tun.

Aber das bezieht sich nicht nur auf den Bereich Biotechnologie, ein verrücktes Wort im Übrigen schon, es bezieht sich auf fast alle Bereiche, in denen Geld eine Rolle spielt. Sechs Erdölfirmen haben offensichtlich die unkontrollierte Möglichkeit, die Weltmeere zu versauen mit sogenannten Billigflaggen-Transporten, und sie können machen, was sie wollen. Sie regieren die Welt. George W. Bush, die Mafia des Erdöls, hat gerade neu die Macht ergriffen. Barbara Bush konnte vor der Präsidentschaftswahl schon locker-fröhlich sagen: „Die Welt wird sowieso schon zu einem Siebtel von den Bushs regiert, und in Zukunft wird sie nur noch von den Bushs re-

giert." Da ist was dran. Nur hat man den Zynismus nicht be-
merkt, der in dieser Fröhlichkeit steckt. *Dagegen* müssen wir etwas tun. Und wir sehen gerade: Wir können nicht ein Problem
isoliert lösen und den Rest der Welt belassen, wie er ist. Jedes
Problem ist eine Masche in einem Netz. Und wir kriegen sie
nur aus dem Wasser, wenn wir das ganze Netz herausziehen.

# Der Mensch macht den Menschen

*Sehen Sie denn die Gefahr, dass es durch die Biotechnologie, durch die neue moderne Medizin möglich wird, dass der Mensch sich seinen Menschen schafft?*

Möglich ist das, ohne jeden Zweifel – noch nicht gleich heute, aber dass das möglich sein wird, und zwar in ganz naher Zukunft, gemessen an den Zeiträumen, von denen wir biologisch reden, das scheint mir außer Frage. Wenn wir uns vorstellen, dass wir überhaupt erst seit 1952 wissen, dass es so etwas gibt wie DNA-Stränge, und wenn wir bedenken, was wir in den letzten fünf Jahrzehnten daraus entwickelt haben, und dass die Entwicklung der Gentechnik mit noch immer größerer Geschwindigkeit so weiter gehen wird, dann wird es unvorstellbar, was wir in Jahrhunderten und Jahrtausenden alles werden machen können. Dass wir theoretisch irgendwann die Möglichkeiten haben, den Menschen noch mal ganz neu zu formen, steht außer Zweifel. Etwas ganz anderes ist, ob wir das machen sollten. Die Neurologie, die Bioneurologie sagt uns, dass wir von den Möglichkeiten, die in unserem Kopf stecken, seit den Tagen des Cro-Magnon-Menschen, von der Höhlenmalerei bis zur Atomrakete, nicht einmal die Hälfte wirklich ausnutzen. Das heißt, die Kapazität dessen, wozu wir geistig imstande sind, ist noch nicht einmal in den Ressourcen zu fünfzig Prozent ausgelastet. Wir hätten mit dem, was wir als Menschen heute sind, evolutiv eine unglaubliche Zukunft: eine wunderbare Geschichte, die wir daraus machen könnten. Aber wenn wir uns hinsetzen und uns sofort einbilden, nachdem wir von der Natur lediglich ein paar Teilsysteme anfangen zu verstehen, wir seien genau die richtigen Leute, das alles zu verbessern, und zwar prompt um die Ecke, und wir wüssten auch, was besser ist, dann allerdings kommt der Hochmut vor den Fall. Dann richten wir uns nicht unbedingt das Paradies ein. Das kann jedenfalls darauf hinauslaufen, dass wir mit einer solchen Neuzüchtung des Menschen uns zugleich selber abschaffen, entweder dadurch, dass es dann gar nichts mehr gibt von uns, oder dass es uns in einer Form gibt, die keine Kontinuität zum Heutigen verrät. Auch das ist möglich.

Es gibt Biologen, die darauf hinweisen, dass wir, schwache Wesen, die wir sind, auf der Basis von Kohlenwasserstoffen sehr anfällig sind. Manche Theorien über die Entstehung des Lebens meinen, dass das Leben auf Silizium entstanden sei. Auf einem solchen Träger- und Katalysatormaterial wie einer Pfanne könnten sich die ersten Formen des Lebens gebildet haben. Und nun meinen manche Biologen, es sei eines Tages möglich, dass das Leben wieder zu Silizium zurückkehrt, dass man künstliche Intelligenz auf Siliziumbasis herstellt und dass wir Computer bekommen, die auch wissen, wie sie sich selber konstruieren; da diese unserer menschlichen, im Grunde noch tierischen Intelligenz in ihrer Langsamkeit unendlich überlegen gedacht werden können, würden diese neuen Computergenerationen ihre eigenen Vorfahren schließlich als überflüssig abschaffen, so wie wir gerade die Tiere ausrotten, als seien sie für uns überflüssig, oder wie wir nur noch ein paar Haustiere übrig lassen, die uns eine Weile lang bei der Ernährung helfen. Alles Kohlenstoff-Leben ist substituierbar. Es ist absolut möglich, sich zu denken, dass es eines Tages nur noch künstliche Existenzen gibt.

# Über die Zerstörung der Natur

*Herr Drewermann, haben Sie Angst um die Menschheit, um die Zukunft des Menschen, wenn Sie nach vorne blicken und bedenken, was alles möglich sein wird?*

Es ist die Frage nach dem zeitlichen Parameter. Mir graut in der Tat vor der allernächsten Zukunft. Ich glaube, dass die Vermehrung des Elends, vor allem in den Ländern der sogenannten Dritten Welt, unaufhaltsam wächst. Die Zerstörung der Natur wächst in einem Ausmaß, dass ich fürchte, in schon dreißig, vierzig Jahren wird es nicht einmal mehr ein Bedauern darüber geben, dass die Urwälder, Biotope von einer Fülle von Leben, nicht mehr existieren, so wenig wie in Westeuropa jemand bedauert, dass hier die Urwälder verschwunden sind, dass keine Wölfe mehr da sind und dass keine Schlangen mehr existieren. Man gibt sich sogar erleichtert darüber. So vermutlich wird man die Zerstörung von zehntausenden von Pflanzen- und Tierformen nicht einmal mehr als bedauerlich entdecken. Auch das Aussterben des Gefühls im Menschen! Die Verbundenheit mit der Natur und die Natürlichkeit im Menschen verfremden sich in einem solchen Ausmaß, dass mir davor das blanke Grauen kommt.

Zudem erklärt heute im Grunde jeder Politiker, dass die Globalisierung wirtschaftlich unvermeidbar sei. Aber sie besteht weitestgehend darin, nach Billig- und Billigstlohn-Län-

dern zu suchen, in denen man immer mehr Menschen ver-
sklaven kann zur Selbstbedienung der Industrienationen.
Wir haben gigantische militärische Rüstungen aufgebaut zur
Sicherung der Egoismen der Industrienationen, zu denen
wir in Deutschland selber zählen. Von Weltvernunft und
Weltverantwortung haben wir bis heute kaum etwas begriffen. Und das Paradoxe existiert an jeder Stelle, dass die Naturwissenschaften uns fast schreiend darauf hinweisen, wie
in dieser Welt alles mit allem zusammenhängt – und zwar auf
eine bewundernswert komplexe Weise, so dass man überhaupt nichts verändern kann, ohne dass es nicht Folgebe-
deutungen ins Unabsehbare hätte. Wir aber sitzen da und
spielen herum.

Um auf die Frage nach dem Züchten von neuen Menschen
zurückzukommen: Im Bilde gesagt, ist unsere Situation ver-
gleichbar der eines Kindes, das mit sieben Jahren vor einen
Steinway-Flügel gesetzt wird und mit einem Finger „Alle
meine Entchen" probiert. Statt dass dieser Bengel sich dran-
macht und zehn Jahre lang übt, bis er schließlich fähig ist,
Chopins „Nocturnes" zu spielen und vielleicht sein erstes
Konzert zu geben, lässt er sich einfallen, die Saiten im Steinway-Flügel besser zu ziehen. Er behauptet, das Instrument sei
so, dass sein „Alle meine Entchen" nicht richtig klingen
würde, und das liege nicht an seiner Unfähigkeit oder an seiner Lernfaulheit, es liege am Steinway-Flügel, und er sei genau der richtige Kerl dazu, das zu verbessern. Sollte man diesem Burschen nicht etwas auf die Finger hauen? Aber
genauso verhalten wir uns gerade. Und davor graut mir. Denn
ich fürchte, wir kriegen den Steinway-Flügel, wenn er denn
einmal gründlich verstimmt ist, nicht mehr in Ordnung gebracht.

Was wir jetzt tun, läuft darauf hinaus, dass der gesamte Motor der Evolution, wie in einer Querschnittlähmung, für alle Zukunft abgeschaltet wird. Es wird in Zukunft nur noch Evolution geben in der Retorte. Und verrückt genug sind wir, uns mit Filmen wie im Jurassic-Park vorzustellen, wir könnten ja die Dinosaurierwelt wieder auferstehen lassen, wir könnten ja ohne jeden Schaden jedes Lebewesen ausrotten, wenn wir nur sein genetisches Material irgendwo in einer Brutbank sicher deponiert hätten. Oder selbst wenn das nicht, wir könnten ja herumexperimentieren, um es neu durch Mutationen hervorzuzaubern.

Die Biologen sagen es uns immer wieder: Es ist nicht möglich, Leben isoliert zu verstehen. Die Kostbarkeit eines südamerikanischen tropischen Regenwaldes oder ostasiatischen Regenwaldes liegt in dem Zusammenspiel der Lebensformen. Von dem haben wir in aller Regel nur sehr oberflächlich Kenntnis. Wir kennen tausende von Lebensformen überhaupt nicht. Wir bilden uns ein, dass wir mit biogenetischen Mitteln die Nahrungsressourcen der Menschen verbreitern könnten, dass wir die Hungerkatastrophen in der Dritten Welt besser „in den Griff bekämen", wie wir, hart genug geworden, uns denn nun schon ausdrücken. Die Wahrheit ist: Wir haben bis heute nicht einmal zwei Hände voll Naturformen zu Nahrungsmitteln züchten können. Mais, Gerste, Roggen, Weizen, Hirse, Reis, Erbsen, Linsen, Tomaten, Kartoffeln, Moniok, Jams, eine Reihe von Beeren, Nüssen und Früchten – das war's dann. Wahrscheinlich wird im Urwald vieles wachsen, was an Nahrungsmittelqualität unbekannt wie kostbar sein würde, an natürlichen Medikamenten unbekannt wie kostbar uns geschenkt worden wäre in der Natur, wenn wir nicht mit dem Bulldozer früh genug darüber hinweggegangen wären. Wir werden am Ende die ganze Natur wirklich mit technischen Mitteln kompensieren müssen, nachdem wir sie ausgerottet haben. Etwas auch wirtschaftlich Sinnloseres lässt sich nicht vorstellen. Aber genau das tun wir.

Welche Erwartungen für die Zukunft ich da noch habe? Ich sehe nur, dass wir in naher Zukunft den „Deifel tun" werden, an dieser beschriebenen Situation etwas zu ändern. Der tropische Regenwald in Amazonien ist seit der Kreidezeit im Verlauf von etwa sechzig Millionen Jahren aufgebaut worden. Es kostet uns genau 60 Jahre, um mit Brandrodung und Kettensägen mit dem Regenwald in Amazonien Schluss zu machen. Also, wer irgend an Gott glaubt oder vorgibt, er hätte mal an Gott geglaubt, den kann nur die blanke Wut packen, wenn er das sieht. Aber Sie können protestieren, schreiben, Verträge halten, wie Sie wollen, Sie kommen dagegen nicht an, weil das System des Kapitalismus und der Machtpolitik keine Gefühle hat. Es fehlt uns eine angemessene Ethik.

*Es gibt das Postulat eines Weltethos durch den Tübinger Theologen Hans Küng. Ist eine solche Forderung naive Utopie? Oder muss das Zukunft haben?*

▨ Ich glaube, es wird Zukunft haben, aber ohne Anknüpfung an das „Ausrufezeichen", das ich gerne hinter so ein Weltethos setzen würde. Das Problem ist, dass wir unsere menschlichen Schwierigkeiten mit ethischen Mitteln nicht beschrieben finden. Was heute Ethik heißt, ist in vielfacher Weise bizarr.

Der einfachste Raum, um das zu verdeutlichen, ist individuell und psychologisch zu formulieren. Menschen kommen zu mir in die Psychotherapie, und sie bringen einen Haufen von Schwierigkeiten mit, in die hineingeflochten auch moralische Probleme sind. Wie leben sie in ihrer Ehe? Wie gehen sie mit den Kindern um? Wie verhalten sie sich am Arbeitsplatz, usw. Kein einziges der Probleme, mit denen die Leute kommen, obwohl es ethische Implikationen trägt, lässt sich mit ethischen Anweisungen lösen. Ich kann nicht wissen, mit ethischem Imperativ, wie die katholische Kirche das gerne hätte, ob diese Ehe zusammenbleiben soll oder nicht. Das muss sich zeigen und richtet sich nicht danach, was irgendein Gebot verfügt oder irgendein Papst gern sähe, sondern wie die Menschen sind – wie sie fühlen, wie sie geworden sind, welche Erfahrungen sie mitbringen, wie sie sich miteinander austauschen, welche Möglichkeiten sie überhaupt haben, ihre Gespräche zu vertiefen, zu verbessern, auf mehr Verständnis auszurichten.

Mit anderen Worten: Die Ethik kommt in aller Regel viel zu spät. Oder sie kommt viel zu früh.

Ich sehe, dass viele Schwierigkeiten, z. B. in der Ehe, überhaupt nur dadurch zustande kommen, dass man Menschen in moralische Pflichten genommen hat, die sie hinderten, wirklich die Personen zu werden, die sie hätten werden können. Vielerlei Neurosen entstehen durch Über-ich-Zensur in moralischer Absicht unter Inkaufnahme schwerer Verformungen der Person. Wir müssen an vielen Stellen die Moral überhaupt erst mal bei Seite tun, um hilfreich zu werden. Das zeigt sich individuell allerorten, und ich glaube sogar, dass die Botschaft Jesu an dieser Stelle so zu verstehen ist.

Jesus wollte nicht die Menschen mit Moralanweisungen im Sinne der Rabbinen seiner Tage kurieren, sondern er wollte eine Güte mitbringen, die dem Menschen erst einmal erlaubt, sich aufzurichten und Luft zu atmen und sich akzeptiert zu fühlen. Das hundertste Schaf, das Jesus suchen geht, wird ja nicht mit der Peitsche zurückkommandiert, sondern es wird auf den Händen zurückgetragen, schon weil es gar nicht laufen kann. Eine solche Güte, die man nicht verordnen kann, ist das „A" und „O" des Lebens. Menschen können nur gut sein, wenn sie einer Güte begegnen, die sie meint, die sie trägt, die ihnen hilft, zu leben.

Dieser Raum wäre nach meiner Meinung identisch mit der Erstreckung des Religiösen. Die Religion hat nicht als erstes die Aufgabe, Moral zu verkünden, sondern dem Menschen zum Leben zu helfen und damit überhaupt erst die existentielle Voraussetzung zu bilden, unter der Moral zu leisten ist. Es ist nicht möglich, den Willen so zu organisieren, dass er richtig wird, wenn für eigene Entscheidungen kein Platz ist, sondern nur Überich-Kontrolle, Autoritätsangst, Abhängigkeit und Außenlenkung herrschen. Wie viel kostet es, dass ein Mensch einen eigenen Willen überhaupt erst bekommt! Manche scheinen sehr wohl einen Willen zu haben, aber schaut man genau hin, haben wir eine neurotische Steuerung im Unbewussten von solchen Ausmaßen vor uns, dass wir bei derart hoher Triebdynamik von Willen eigentlich gar nicht reden können. Wir haben Marionetten von Affekten, die mit ihnen „Katz und Maus" spielen, und es braucht wieder sehr viel, um Freiheit in diese Prozesse der Es-Steuerung hineinzubringen. Kein Mensch kann etwa bei einem straffällig gewordenen Triebtäter garantieren, dass er als Therapeut Erfolg hat. Es sind die Juristen, die sich einbilden, dass das zu garantieren wäre. Die Psychologen glauben das in aller Regel nicht, weil sie ihre Hilflosigkeit jeden Tag erleben.

Also gilt: Damit Ethik überhaupt möglich wird, muss schon viel passiert sein, und es muss im Raum von Religion passiert sein, im Raum von Menschlichkeit. Damit wir ethikfähig würden, müssten wir erst einmal Menschen sein. Die Ethiker tun so, wie wenn das Menschsein, die Freiheit, die personale Autonomie eine ungefragte Voraussetzung sei, aber damit diese Voraussetzung sich bildet, müsste eine ganze Menge von Dingen geschehen sein, die man ethisch nicht manipulieren und verordnen kann. Deswegen schon, kann man sagen, kommt die Ethik entweder zu früh und richtet Schaden an, oder sie kommt zu spät und hat zumindest keinen Nutzen, wenn sie nicht zusätzlich noch zur Verwirrung der Probleme beiträgt, die sie selber geschaffen hat.

Nehmen Sie etwa als Beispiel den Fall eines Alkoholikers, der zum Abusus neigt oder sich gedrängt fühlt, weil er im Grunde mit ständigen Schuldgefühlen herumlaufen muss. Sein Überich ist so streng, so sadistisch, dass es kleinste Abweichungen nicht toleriert. Der Alkoholmissbrauch hat für ihn im Grunde den Zweck, einen Zustand der geistigen Eintrübung zu schaffen, bei dem die dauernde Strenge, die permanente Beobachtung des Überichs ein Stück gemildert wird. Anschließend kommt das Scham- und Reuegefühl über die Folgen des Alkoholabusus, kommen die Wiedergutmachungsleistungen, setzt die Moral in voller Schärfe wieder ein, und es bildet sich sofort ein Teufelskreis, aus dem es kein Entrinnen gibt. Man könnte zeigen, dass die meisten sogenannten Laster in solchen Teufelskreisen einer fehlgesteuerten Moral umlaufen. Ich möchte deswegen hundert Dinge sagen, die über die Funktion von Ethik nachdenklich machen. Es ist in meinen

Augen ein schlimmer Aberglaube, die Lösung der Probleme des Menschen aus der Ethik zu erwarten.

Ein *Zweites* kommt mit hinzu: Wir sagten bereits, dass das, was wir im sogenannten christlichen Abendland unter Ethik verstanden haben, anthropozentrisch definiert sei. Unter Verantwortung definieren wir, Nutzen für den Menschen zu schaffen und Schaden vom Menschen fernzuhalten. Parameter der Verantwortung des Sittlichen ist der Mensch für sich selbst und sein eigenes Handeln. Alles andere, der ganze Rest der Welt, ist nur mittelbar darauf bezogen als Umgangsmaterial für die menschliche Ethik. Identisch damit ist die Reduktion des Menschenbildes.

Nachdem wir die Tiere schon einmal zu bloßen Objekten herabgewürdigt haben, statt sie als Rechtssubjekte anzuerkennen, haben wir auch das Tierische im Menschen fortan als ein Relikt zu bekämpfen, das dieser vornehmen Ethik gefährlich werden könnte. Gefühle und Affekte sind da ethisch zweifelhaft, sie sind mögliche Versuchungen des Satans. Der Mensch ist moralisch in seiner Vernunft und in seinem guten Willen. Von einem so reduzierten Menschen behaupte ich, dass er moralisch gar nicht sein kann, sondern er erkauft sich die Einbildung seiner Moralität durch so viele Verdrängungen, dass ein Zustand existiert, wie wir ihn im 7. Kapitel des Römerbriefes beschrieben finden. Da klagt der Apostel, dass er dauernd Dinge tut, die er nicht will, und dauernd Dinge nicht tut, die er gerne möchte. Er ist eine vollkommen zerspaltene Persönlichkeit. Doch die Rettung des Paulus ist in gewissem Sinne genial. Er entdeckt, dass er in Wahrheit aus Gnade lebt, jenseits des Gesetzes. Und das ist es, was man jedem Menschen dieser Art wünschen könnte: eine Befreiung und Entlastung von der Moral durch eine tiefere Bestätigung, eine Zuwendung, die wirklich glaubhaft wird. Dann wird er alles, was die Moral einmal sagte, fast von alleine tun. Es ist kein Problem mehr, gut zu sein, wenn man richtig lebt. Aber die Moral kann einem nicht sagen, wie man richtig lebt. Sie kann höchstens ein paar Verkehrsregeln mitgeben, wie man sich verhält.

*Brauchen wir also in erster Linie eine neue religiöse Standortbestimmung?*

▨ Darum geht es. Lassen Sie mich noch sagen, dass wir haben erleben müssen, wie die anthropozentrische Wahnvorstellung vom Menschen als Herrn der Schöpfung, biblisch begründet, theologisch dogmatisiert, durch den Fortschritt der Naturwissenschaften dahingefallen ist. Wir sind nicht mehr die Herren der Schöpfung, aber wir versuchen, den alten Thron jetzt mit den Mitteln der Technik zurückzuerobern. Wir möchten die narzisstische Kränkung, die uns Kopernikus, Darwin und Freud bereitet haben, technisch zumindest kompensieren. Und da hinein fungiert nun auch die Ethik, denn dieses Ziel erscheint uns als höchst erstrebenswert. Machtgewinn allein für den Menschen gegen den Rest der Welt scheint uns ethisch unbedenklich. Wie schon mehrfach gesagt: Die Klonung des Schafes „Dolly" war ethisch kein Problem, weil sie ja nur bei einem Tier geschah. Der Aufschrei beginnt erst jetzt, da man entdeckt, dass die Technik des Klonens auch uns Menschen einholen wird. Und sie wird uns ganz sicher einholen!

Wir glauben, mit unserer anthropozentrischen Ethik eine Sicherung hinter dem Deich gefunden zu haben, und ahnen dabei nicht, dass das Meer längst soweit aufgelaufen ist, dass es die Deichkronen nicht mehr respektiert. Der nächste Sturmwind wird es darüber hinweg fegen.

Es ist nicht möglich, den Menschen aus den Zusammenhängen der Natur herauszunehmen. Aus diesem Grunde bräuchten wir als erstes eine religiöse Neubestimmung, die den Menschen als in den Systemen der Natur vernetzt zeigt und eine richtige Positionsbestimmung beschreibt. Wenn das getan ist, ließe sich – darauf gestützt – auch eine vernünftige Ethik etablieren. Aber solange wir nur den Mittelpunktswahn der menschlichen Spezies ethisch untermauern und Verantwortung zu nichts weiter definieren, als diesen Wahn praktisch zu machen, haben wir eine Moral des Tollhauses. Da kann überhaupt nichts funktionieren.

Hinzukommt, dass wir Nutzen für den Menschen in aller Regel nicht als Nutzen für den Menschen, sondern für die Wirtschaft definieren. Die Menschen brauchen Nahrung, Kleidung, Häuser, – Autos scheinbar auch, und das alles muss produziert werden. Nutzen für den Menschen ist identisch mit dem, was die Wirtschaft ankurbelt. So definieren wir das zumindest. Und dadurch haben wir plötzlich eine Menge Zwänge.

Wir entdecken in den Medien, dass Informationen nicht länger die Abbildung von Wahrheit oder wirklichen Sachverhalten sein sollten, sondern dass sie gehandelt werden unter dem Marktwert der Interessen, die sie auf sich lenken. Nachrichten sind Waren und brauchen also Anbieter, „Providers", die ein mögliches Publikumsinteresse der „User" – alles Schlimme spricht sich inzwischen amerikanisch aus – auf sich ziehen.

Nur als Beispiel gesagt: Wir leben in einer Welt, in der wir seit 1963, seit den Tagen Konrad Adenauers, darüber debat-

177

tieren, ob wir wirklich 0,7 % des Bruttosozialprodukts für Entwicklungshilfe einsetzen können. Wir stehen, glaube ich, bei der Debatte, ob es 0,37 % inzwischen sind – von 0,7 % war praktisch noch nie die Rede. Wir sind aber dabei, über vier Prozent des Bruttosozialproduktes nur für Werbung einzusetzen, um einen verstopften Markt immer noch weiter expandieren zu lassen. Und in den Kontext der Werbung gehören die Medien, die auch wieder für sich selber als Medien Werbung machen müssen. Die Litfasssäulen sind voll von dem Film, den man unbedingt gesehen haben muss, und mit Hinweisen darauf, welchen Kanal im Fernsehen man einschalten muss.

Inzwischen ist auch nicht einmal mehr klar, was Entertainment, was Information ist und wo die Grenzen zwischen beidem liegen. Man scheint die Unterhaltungsindustrie soweit an die Realität heranzuführen, dass es nicht mehr unterscheidbar ist, ob Sie einen Spielfilm sehen oder einem Schlachtfeld beiwohnen, und umgekehrt muss der Krieg so inszeniert werden, dass er mediengerecht in die Wohnstube kommt. Man hat in Vietnam 1970 erlebt, dass eine Bevölkerung es nicht verträgt, Panzerwagen mit amerikanischer Aufschrift durch brennende Bambusdörfer rollen zu sehen, oder zu sehen, wie die eigene Armee mit Napalm über unschuldige Menschen fährt und bei 1200° C Menschen in brennende Fackeln verwandelt. Der Bevölkerung graust es, und sie will, dass das aufhört. Das Militär kann in einer offenen Mediengesellschaft nicht überleben. Die Praktiken, die ihm selbstverständlich sind, haben keine Akzeptanz, solange Menschen noch halbwegs fühlen und denken. Darum muss man den Krieg in ein Medienereignis verwandeln. Das ist das, was das Pentagon bis 1991 gelernt hat im Golfkrieg. Wir sehen einen virtuellen Krieg. Man zeigt eine abgeschossene Tomahawk-Rakete, man zeigt das Ziel, auf das sie sich zu bewegt, man zeigt den Einschlag, wie ein Video-Spiel. Das verträgt die Bevölkerung wieder, und sie wird es honorieren mit der Teilnahme an Militärparaden, gesponsert von der Waffenindustrie.

Also, wenn man die Unterscheidung von Wahn und Wirklichkeit, von Unterhaltung und Realität so zusammenschiebt, dass zwischen virtueller Welt und realer Welt kein Unterschied mehr ist, hat man eigentlich den Endzustand der Bewegung erreicht, in der wir uns gerade befinden. Es ist schlimm, in diese Welt hineingedrückt zu werden, weil die Gefühle vollkommen irritiert werden. Man weiß nicht mehr, wofür man sich engagieren soll. Man weiß nicht mehr, zwischen Lüge und Wahrheit zu unterscheiden. Es ist alles machbar.

In einer solchen Welt ist auch Ethik eigentlich nicht mehr beschreibbar. Man hat eine illusionäre Realität, die jeder Manipulation offen steht. Und die Frage, welche Art von Manipulation überhaupt noch wünschenswert ist, ist jenseits aller Verantwortung in einer Welt, in der die Wünsche selber schon künstlich erzeugt sind. Sie ergeben sich ja nicht mehr, sie sind selber marktgerecht geschaffen. Vance Packard hat diesen Zustand schon Ende der Fünfziger Jahre in dem Buch *„Die geheimen Verführer"* vorweggenommen. Es heißt dort sinngemäß: Die Leute, die noch glauben, dass sie Wünsche haben, wissen nicht, dass man ihnen die Wünsche suggeriert hat. Es gibt gar keine ehrlichen Wünsche mehr. Es gibt nur noch die Wünsche, die der Markt braucht, um sich selber zu erhalten.

In dieser Welt kann man nur wünschen, dass das, was wir heute als Wirtschaftssystem etabliert haben, zusammenbricht. Dieses System meint die Menschen nicht. Es geht an den Menschen vorbei, es ist sozusagen die dritte Natur geworden, die die ersten beiden vergewaltigt. Das, was bisher Natur hieß, geht dabei zu Grunde. Was bis dahin Kultur hieß, als zweite Natur des Menschen, geht dabei ebenfalls zu Grunde. Wir sollten diese ersten beiden Natur- und Kulturformen erhalten und diese dritte Scheinnatur beseitigen. Wir brauchen sie nicht. Es ist nicht ersichtlich, wozu wir eine Form von Wirtschaft brauchen, die nichts weiter will als ihren Selbsterhalt, die, Karl Marx hätte gesagt: nichts ist und will als Geld- und Warenfetischismus.

# Religion gestaltet sich neu

*Ist auch die Religion selbst mittlerweile in diesem Wirtschafts-system ein Rädchen, das funktioniert?*

Was wir heute Religion nennen, erscheint mir oft als eine Besenkammer der Gesellschaft. Man vermutet, dass da noch ein paar Reinigungsgeräte liegen, aber die fungieren mehr für den Hexensabbat als für die Reinigung des Gesamtsystems. Der Bestand von dem, was einmal Religion war, erscheint nur noch mediengerecht und folkloremäßig verwaltet. Wenn der Papst bei einem Empfang auf dem Petersdom „urbi et orbi" den Segen spendet, sind alle Kameras auf dieses Ereignis gerichtet, und natürlich können Milliarden Menschen, wenn sie wollen, sich das anschauen. Aber es hat als Medienereignis so viel Wert, wie wenn wir uns hierzulande ansehen, wie die Hindus im Ganges baden. Es ist doch für keinen Nicht-Hindu irgendeine religiöse Erfahrung damit verbunden. Wenn man Religion als Entertainment betrachtet, kann man natürlich fragen, ob das nicht schon früher ganz genau so war: Man hatte die Prozession, man hatte die Verquickung von Pfarrgemeinderat und Schützenverein am Ort: die Traditionsverbände als Stütze! Nicht Geistigkeit, nicht existentielle Wahrhaftigkeit, nicht der Mut, die Freiheit zu riskieren, nicht Individualität oder prophetische Existenz – das Kollektiv als Verein und die Traditionsfolklore „stützen" die Religion.

Trotz dieser kritischen Sicht der organisierten Religion: Ich sehe auch Neuansätze des Religiösen, im Kleinen und jenseits der Institutionen. Überall bei Menschen, die suchen, denken, fühlen wollen, geht das Leben an Institutionen vorbei, und ich mag gar nicht mehr glauben, dass es sich in diese Mauern zurückholen oder zurückentwickeln ließe. Es bleiben ehrwürdige Kathedralen zurück, die Museen sind. Die Menschen werden morgen eine Religionsform suchen müssen, in der sie sich austauschen und ihre geistigen Grundfragen beantwortet finden. Diese Suche wird nicht aufhören.

*Ist das Christentum, sind die großen Religionen dabei Übergangsformen?*

▪ Ja, es entwickelt sich etwas Neues, etwas Neues, das wir nicht linear konstruieren können. Wir können, wenn wir nach diesem Neuen fragen, allerdings nicht wie ein Patchwork die verschiedenen Religionen zusammenfügen und daraus ein schönes Bild in die Zukunft projektieren und projizieren.

Ich spreche im Bild: Wir können uns doch vorstellen, dass allein die Tatsache, dass wir menschheitlich miteinander reden, eine neue Sprache formen wird. Um dieses Bild weiter auszufalten: Es ist ungefähr so, wie vor 2000 Jahren die Römer im Gebiet des heutigen Frankreichs reden mussten und sich ausgetauscht haben mit Kelten, die wieder in Kommunikation standen mit Germanen. Sie haben vor allem die Worte aufgenommen, die ihnen am praktischsten schienen für ihr Überleben: Begriffe für unbekannte Gegenstände, Worte, die sich am einfachsten verwenden ließen. Sie haben abweichend von allen Sprachen, aber innerhalb doch einer bestimmten vorgegebenen Logik, eine grammatikalische Struktur entwickelt. So ist aus dem Gemisch von Keltisch und Römisch unter Beimengung von etwas Germanischem das Französische entstanden. Niemand wäre in den Tagen des Kaisers Augustus, nach den Eroberungen des göttlichen Cäsars, imstande gewesen vorherzusagen, dass es jemals ein Französisch geben würde. Das war auch tatsächlich nicht vorauszusehen. Fest steht aber: Lediglich dadurch, dass verschiedene Völker miteinander ständig sprachen, entstand eine neue Sprache. Hätte Kaiser Augustus etwas getan, wie es dem römischen Papst heute vorschweben würde, ein Kontrollgremium zur Reinerhaltung der römischen Sprache zu begründen – Römer reden nur genau ein römisch geordnetes Latein –, hätte das Französische unmöglich entstehen können, und es wäre nie ein Friede zwischen Galliern und Römern entstanden. Die mussten sich verständigen, anders ging das nicht. Man konnte nicht ständig auf Übersetzungen angewiesen bleiben. Je mehr die Völker miteinander lebten und verschmolzen, entstand ihre neue Sprache, eine romanische Sprache. Das Römische behielt seine Rolle. Und trotzdem ist die Grammatik weit abweichend vom Lateinischen, und es gibt viele Worte, die ein Lateiner nicht verstehen kann.

Wir können die Geschichte sogar noch weiter spinnen: Wir werden erleben, dass in französischen Kolonialgebieten, im frankophonen Afrika, aus dem Eintrag aller möglichen negroiden Sprachen, wieder neues Französisch entstehen wird, das dann eine andere Bezeichnung trägt. So bildet sich Neues.

Und so wird es mit den Religionen auch sein. Die Menschen richten sich nicht mehr nach dogmatischen Vorgaben. Sie wollen sich unter- und miteinander frei austauschen. Und es ist ganz sicher, dass daraus etwas Gemeinsames, Neues entsteht. Fluktuationsphasen, wie wir sie jetzt erleben, werden irgendwann auch wieder neue Prozesse der Selbstorganisation einleiten. Aber was uns die Systemtheoretiker ganz sicher sagen können: Das Neue lässt sich nicht am Reißbrett konstruieren. Das sind lebendige Vorgänge, keine technischen Prozesse.

*... in denen aber die Urbücher, wie die Bibel, ihren Platz behalten werden.*

■ Unbedingt. So sicher, wie die lateinische Sprache in ihrer Schönheit und Klarheit im Französischen sich wieder findet, sogar vermehrt um die Musikalität und die dichterische Kraft der Kelten, so ist mir vorstellbar, dass eine bessere Religion, eine noch erweiterte Form von Religion sich bilden wird im Erbe der christlich-jüdischen Religion unter dem Eintrag des Islam, des Buddhismus, des Hinduismus. Ich kann mir das sehr gut vorstellen, obwohl ich keine klare Ahnung habe, wie das dann konkret aussieht. Aber ein paar Elementarbedürfnisse werden ganz sicher in dieser Entwicklung von Religion vorkommen, Bedürfnisse, von denen wir die ganze Zeit sprechen.

Die Religion der Zukunft wird psychisch integral sein. Sie wird nicht länger z. B. durch moralische Engpässe, durch anthropologische Verkürzungen, durch eine unsinnige Kosmologie neurotisierend und wirklichkeitsfremd wirken. Die Freud'sche Religionskritik hat Anspruch: Die Religion darf nicht das Über-Ich stützen. Die Religion der Zukunft wird die Person des Menschen entwickeln helfen. Sie wird das Ich, die Freiheit, den Austausch, den Dialog situationsgerecht und offen in die Welt begleiten.

Sie wird darüber hinaus interkulturell und sozial integrativ den Diskurs und Dialog fördern. Vorbei ist die Zeit, wo eine bestimmte Religion als von Gott gegeben in absolutem Wahrheitsanspruch gegen den Rest der Welt sich setzen konnte. Noch heute verbraucht sich die Intelligenz fast aller Theologen darin, sich selbst und dem Rest der Welt zu beweisen, dass just ihre Religion die einzige wahre sei. Ein solcher Missbrauch von Intelligenz ist schwer zu halten und auch nicht mehr länger zu tolerieren. Die Religion sollte der Verständigung der Menschen und nicht der Abgrenzung bestimmter Menschengruppen gegeneinander dienen. Das ist ein elementares Bedürfnis auch im Sinne der Religion selber. Jesus wollte, dass man den Himmel, die Welt öffnet für alle Menschen, so dass Paulus recht hat, wenn er sinngemäß sagt: „Man kann Jesus nur verstehen, wenn man die Frage endlich drangibt: ist jemand ein Jude, ein Römer, ein Grieche, ein freier Mensch, ein Sklave, eine Frau, ein Mann. Er ist ein Mensch." So versteht man Jesus richtig. Das ist es, was er wirklich wollte. Er war ein Jude, der den Glauben der Juden allen schenken wollte.


*... und er blieb Jude ...*

▪ Ja, natürlich war er darin Jude, bis dahin, dass er vorschlug, man sollte endlich aufhören, sich das Judesein rassistisch in die Krone wachsen zu lassen. Man sollte es wirklich *leben*. Jüdisch zu glauben ist: Gott hat alle Menschen geschaffen. Ja, also nun? Sollten wir da nicht mit *allen* Menschen menschlich umgehen? Wenn *das* jüdisch ist, ist es so großartig, wie der Chauvinist Dostojewski in seiner Puschkin-Rede sagen konnte: „Ein Russe ist ein Mensch, der alle Menschen versteht".

Wenn man den Gedanken der Erwählung Israels bis zu dem Punkt führt, dass Israel dazu erwählt ist, ein Bild der Menschlichkeit abzugeben, ist Religion universell. Und das ist das Erbe aller Propheten. Auch Mohammed hat ja nicht eine Sonderreligion begründen wollen. Er hat vielmehr gesagt: „Allah spricht zu jedem Volk zu jeder Zeit das, was es braucht zum Leben. Und Allah sagt im Übrigen immer dasselbe. Nur ich sage es jetzt in Arabisch, damit Ihr das schon mal verstehen könnt. Aber was ich jetzt hier sage im Koran, ist für *alle* Menschen." Mohammed sagt sogar, Noah habe schon so geglaubt, Abraham habe so geglaubt, Jesus habe so geglaubt. Jeder Mensch glaube im Grunde so. Alle Religionen sind im Grunde menschheitlich. Wir müssen sie nur aus ihren kulturellen Sondervoraussetzungen lösen, damit dieser ihr Kern wirklich frei wird. Das wäre also die zweite Bedingung, unter der Religion in Zukunft, nach meiner Meinung, stehen wird.

Und das dritte ist unser zentrales Thema, das Verhältnis von Mensch und Natur. Die Religion ist vorbei, die den Menschen aus der Natur herausschneidet und dann eine Ethik etabliert, die ihn am Ende sogar unter Verantwortungspflicht *gegen* die Natur stellt. Das darf und kann so nicht bleiben. Die Religion der Zukunft wird mit einer Ethik verbunden sein, die Menschlichkeit und Verantwortung ins Universelle ausdehnt. Wir können keine glücklichen Menschen sein, wenn wir die Tiere ausrotten. So einfach ist das.

*Aber erleben wir, um noch einmal auf das Thema Weltreligionen zurückzukommen, nicht gerade einen Kampf um die Position, wer die wahre Religion besitzt? Wenn Sie den Islam anschauen, wenn Sie Teile des Christentums anschauen, ist da nicht ein Wettkampf der Systeme im Gange?*

▓ Das gehört noch zur Antwort auf die Frage, wie ich die nächste Zukunft sehe. Es ist wahr, dass die kulturelle Begegnung der Völker vor allem unter dem Druck von Technik und Wirtschaft und Wissenschaft in vielen Gesellschaften ganze Räume der kulturellen Identität aufgesprengt hat und deswegen zu vielen Instabilitäten und Krisen geführt hat und weiter führen wird. Vor allem im Islam ist durch die sozialen Ungleichgewichte und auch durch die geistigen Umbruchprozesse ein Sturmtief im Gang. Wir haben das im Westen mitverschuldet, indem wir vor allem über die Erdölindustrien nur die Oberschicht gefördert und angesprochen haben, die im letzten zynisch und im Grunde genauso atheistisch ist wie unsere europäische und amerikanische Oberschicht. Man glaubt an nichts, außer an das Geld, an die Macht und an die Genussfähigkeit, die der Besitz von beidem ermöglicht. Der ganze Rest steht zur Disposition. Das haben wir inzwischen als Missionare wirklich globalisiert. Gott sei Dank, gibt es aber große Teile der Bevölkerung im Islam, die das nicht mit sich machen lassen. Leider sind fundamentalistische Bewegungen im Islam, im Judentum, im Christentum als Antwort auf diese Identitätskrisen und Instabilitäten der Zeit bis an die Grenze extremer Militanz und Gewaltakzeptanz gewachsen. Und ich fürchte, es wird eine Zeit lang so bleiben. Ich wünsche nicht, dass Samuel Huntington mit seinem „Clash of civilizations" recht hat. Aber ich fürchte, dass er recht bekommen könnte, wenn wir so weitermachen: mit seiner These vom Krieg der Kulturen und seiner nonchalanten Erklärung, die Vereinigten Staaten von Amerika hätten doch nicht die Pflicht, die Probleme anderer Leute zu lösen. Dahinter steht die Überzeugung: Wir haben die Pflicht, uns selber durchzusetzen. Und wenn uns das erleichtert wird durch die Probleme anderer, nützen wir die eben zu unserem Vorteil aus; dann siegt eben unsere Kultur.

Ich hoffe nicht und wünsche nicht, dass das so kommt. Aber ich sehe, dass wir bis zur Katastrophengrenze uns erst einmal dem Eisberg annähern. Der Zeitpunkt steht dicht bevor, wo wir auch das Kommando „Maschinen ab, Kurs ändern, Maschinen an und rückwärts" nur noch geben können, um die Katastrophe zu verschlimmern. Die Geschichte der „Titanic" 1912 gibt dafür das Beispiel.

Ganz konkret: Wir sind gerade dabei, mitzuerleben, wie die Erdölressourcen knapp werden. In dreißig Jahren wird das Erdöl im arabischen Sand versickert sein – und damit die wirtschaftliche Voraussetzung der Kultur von etwa 1,2 Milliarden Menschen. Was passiert, wenn dieser ganze Kulturraum kollabiert? Und er wird kollabieren, wenn wir noch zwei, drei Jahrzehnte so weitermachen. Manche scheinen daran auch zu denken, die NATO-Strategen z. B. Sie sichern gerade die Südflanke der NATO, erobern den Balkan, integrieren die Türkei in ein Verteidigungsbündnis gegen das anbrandende Elend, auf das wir uns vorbereiten müssen. Wenn wir nicht die militärischen Antworten als vertretbar oder gar als unabwendbar in Kauf nehmen wollen, müssen wir eine völlig andere Politik betreiben. Diese Politik müsste heute nicht nur darüber nachdenken, wie wir Erdöl ersetzen könnten (z. B. durch Sonnenenergie oder Wasserstoffenergie), sondern auch darüber, wie wir jetzt schon wirtschaftliche Übergangsformen schaffen können in den Ländern, die wir bis zum letzten Tropfen ausgebeutet haben oder auszubeuten willens sind.

Dann müssten wir uns auch zwischen den Religionen in ein ernsthaftes Gespräch begeben. Nach meiner Meinung ist der Islam heute richtig interpretiert, wenn wir in ihm eine ganz große und großartige prophetische Erneuerungskritik am dogmatisierten Christentum erblicken. Der Islam ist ein Versuch, die Botschaft Jesu so zu sagen, dass ein Jude oder Araber sie wirklich verstehen könnten, ohne den Bombast der Kirchenväter und ihrer aristotelischen oder platonischen Metaphysik zwischen Alexandrien und Antiochien. Das alles braucht man nicht, um die Sache Jesu, des Propheten aus Nazareth, zu verstehen. Wenn der Islam so ist, dass er die kleinasiatischen Mythologien vielleicht als Bilder zulässt, sie aber nicht mehr als begrifflich vorgeschriebene Dogmen sieht, dann ist ein Gespräch zwischen Christen, Juden und Muslimen auf derselben Erfahrungsbasis der Frömmigkeit nicht nur möglich, sondern überaus wünschenswert und wechselseitig bereichernd. Aber wir müssten dann von der Ideologie herunterkommen, dass man als Kind Abrahams etwas ganz Besonderes sei (Lk 3, 8!) oder als Jünger Jesu in eine besondere Wahrheit eingeführt worden sei, an welcher andere Menschen nicht teilhätten. Die Wahrheit der Religion ist die Menschlichkeit. Und daran hat jeder Mensch teil. Und er wird sie im übrigen auch ganz rasch begreifen, wenn man ihm menschlich begegnet.

Wir müssten also herunter davon, dass wir die Religion in dogmatischem Sondergewahrsam von bestimmten Gottesexperten wähnen, die als Priester und Theologen sich gar nicht genug tun können, die Differenzierungen und Gegensätze zwischen den Religionen auszufeilen. Um es schlicht zu sagen: Man fährt doch auch nicht in der Schweiz von einem Ort zum anderen, indem man auf die Berggipfel klettert, sondern die Menschen begegnen sich in den Tälern. Nicht in den ausgeformten Gipfelpunkten theologischer Artistik kommen die Menschen zusammen, sondern unten, auf den Straßen, im Austausch miteinander.

# Gott braucht kein Sprachrohr

*Heißt das, die scholastische Theologie, die Zeit der Kleriker ist vorbei?*

■ Das scheint mir überaus der Fall zu sein. Ein Rest von Magie, von Verlangen nach religiöser Abhängigkeit und totalitärer Führung stellt den unentwickelten, unaufgeklärten Teil der menschlichen Kulturgeschichte dar. Der mag noch viele hundert Jahre lang zu unserem Leidwesen existieren, aber er kann doch in einer offenen Informationsgesellschaft nur noch wie Schnee unter der Sonne schmelzen. Es ist auf die Dauer nicht möglich, dass man mit hochintelligenter Technik mittelalterliche Dogmen in den Äther setzt. Die Form der Verkündigung selber widerlegt die Inhalte dieser Art von Verkündigung. Religion will die Freiheit des Menschen, und jeder Einzelne kann und sollte dabei einen Raum für sich entdecken.

Ich glaube, dass die Priesterherrschaft zwei Fehler in sich trägt, gemessen mindestens an der Botschaft der Propheten im alten Israel und der Person des Jesus von Nazareth, auch im Übrigen des Propheten aus Mekka, der Priester – aus gutem Grunde – im Islam ebenfalls nicht zugelassen hat. Es ist die Frage aller Menschen: Wo finde ich Gott? Hört man den Priestern zu, werden sie *als erstes* sagen, dass diese Frage zu komplex ist, als dass ein einfacher Mensch, ungebildet in theologischen Fragen, sie beantworten kann. Mehr noch: Die

Priester werden sagen: Wie immer deine Antwort ausfällt, sie ist nicht beglaubigt. Sie kann möglicherweise falsch sein. Nur wir sind die Leute und die Gremien, die garantieren, dass dir eine richtige Antwort zuteil wird. Denn wir kennen Gott. Wir sind die Träger der richtigen Tradition, der richtigen dogmatischen Festsetzung. Wir kennen uns aus in den Sprachgebärden, in den Riten. Wir wissen die heiligen Zeiten und die Formeln und Formen, in denen man mit dem Allmächtigen Umgang pflegt. Nur wenn wir dir zur Seite stehen, hast du überhaupt die Chance, dass Gott dich hört. Das können wir garantieren, weil wir die Priester sind. Du musst keine Angst mehr haben, wenn es uns gibt. Aber damit es uns gibt, darfst du wiederum auch deine Angst nie ganz verlieren.

Eine solche Herrschaft von Priestern etabliert sich wie Pilze in modrigem Boden in der Angstseele der Menschen. Sie schafft die Angst der Menschen vor Gott, vor sich selber, vor ihrer Freiheit bis zu einer gewissen Grenze des Erträglichen ab, indem sie die Person der Menschen an die Institution bindet. Aber sie darf diese Angst niemals wirklich beruhigen, so dass die Person des Menschen frei wäre; die muss an die Institution immer mit den Fesseln der Angst gebunden bleiben. Das Gottesbild, das dabei vorausgesetzt wird, ist religionspsychologisch der Zustand der *Ambivalenz*. Man ist auf Gott verwiesen, und gleichzeitig fürchtet man Gott. Priesterherrschaft ist gebunden an die Angst, die die Gottesbeamten den Menschen vor Gott machen, indem sie ihm versprechen, vor Gott keine Angst mehr haben zu sollen und zu müssen, solange es die Priester gibt.

Der *zweite* Fehler, der sofort mit darin liegt, ist die Umwandlung von Fragen der Existenz in Fragen von Ritual und Dogmatik. Was Jesus wollte, war die Änderung des menschlichen Lebens von Angst in Vertrauen, von Aggression in Akzeptanz, eine Öffnung der Person des Menschen in Richtung eines Verstehens, das sogar den Gefallenen mit umgreift, statt ihn zu verstoßen. Aus diesen wunderbaren Übergängen von Tod zu Leben, vom alten zum neuen Menschen hat man ein Lehrsystem gemacht zum Rechthaben, das man den Menschen jetzt begrifflich verordnet und zum Nachsprechen in Auftrag gibt. Und innerhalb der verordneten Sprachgrenzen setzt man zugleich die Zäune zu den anderen Religionen.

Und so geht es jetzt weiter: Da diese Sprechweisen über Gott von innen her nie zu beglaubigen sind – sie sind nicht deckungsgleich mit den Erfahrungen der Menschen, sie sind für das Denken der Menschen in aller Regel künstlich implantiert –, braucht man eine permanente Kontrolle, ob überhaupt noch richtig geredet wird. Die Richtigkeit, wohlgemerkt, hängt jetzt an der Formel selber, noch nicht einmal an der Interpretation der Formel. Es genügt, dass man wortidentisch nachspricht, was die Glaubensformel und die Glaubenslehre sagt; wie der Mensch selber lebt und wie er persönlich darüber denkt, ist schon das Relative geworden.

Der nächste Schritt ist eigentlich unvermeidbar und in Europa spätestens erfolgt 1554 im Augsburger Religionsfrieden und 1648 am Ende des Dreißigjährigen Krieges. Man hat den drohenden Krieg und den längst ausgebrochenen Krieg zwischen Katholiken und Protestanten in den Tagen der Reformation und danach gelöst durch rein politische Dezision. Damit die Theologen aufhörten, ihre Gläubigen in die nächste Schlacht zu treiben, erklärten die Fürsten, dass das, was bis dahin Kaiser und Papst zu tun vermochten, sie in Zukunft auch zu tun vermögen und zu tun gedenken, nämlich vorzuschreiben, was die Untertanen zu glauben hätten. Dann ist Ruhe im

Lande und aller Streit beseitigt, wenn man sich dem Fürsten
untertänig zeigt. Jenseits der Nachbargrenze mag man glauben, was der Teufel will, aber in diesen Landen glaubt man die
Religion des Fürsten. Und alle haben so zu tun. Wer das nicht
will, wird außer Landes verbracht. Man delegiert Gott, den Allerhöchsten, nunmehr an den Fürsten als den Allerhöchsten.
Und man sieht offen zu Tage treten, dass der Gebrauchswert
von Religion sich hier darin erschöpft, eine Ideologie der
Macht zu sein.

Natürlich wünsche ich, dass dieser Typ von Religion aus-
stirbt, und zwar möglichst bald, weil er weder Gott noch den
Menschen im Sinn gehabt hat, sondern die Menschenverwal-
tung in den Händen der Mächtigen, die sich an Gottes Stelle
setzen, betreibt und betrieben hat. Gott muss nicht vertreten
werden. Er ist selber. Mehr ist nicht nötig. Gott ist nicht eine
so armselige Kreatur, dass er dauernd Sprachrohre brauchte.
Wenn er reden will, tut er das in der Seele jedes Menschen.

Und die schönste Bibelstelle in dem Zusammenhang, die
ich kenne, steht im ersten Buche der Könige, 19. Kapitel. Als
Elia Gott am Berge Horeb findet, erscheint ihm Gott nicht im
Feuer, im Sturm, im Erdbeben und schon gar nicht in den
Priestern des Baal oder des Jerusalemer Tempels, sondern
Gott wird ihm hörbar in der Stimme eines verschwebenden
Schweigens. Das ist für mich die mystischste Stelle der ganzen
Bibel über Gott. Und es ist die am dichtesten prophetische
Stelle.

Das hat viel zu tun mit etwas, woran der chinesische Weise
Laotse, um 500 v. Chr., 300 Jahre nach Elia, Freude gefunden
hätte. Er schreibt am Anfang des Tao te King: „Wer vom Tao
spricht, versteht es nicht. Und wer vom Tao Verständigung hat,
redet nicht davon." Im 20. Jahrhundert ist es der Philosoph

Ludwig Wittgenstein gewesen, der im *Logicophilosophischen Traktat* gesagt hat, worüber man nicht reden könne, davon solle man schweigen. Das wird meist so zitiert, dass keine Religion sei, doch man vergisst die Fortsetzung im *Traktat*: „Es gibt aber Mystisches", fügt Wittgenstein mit hinzu. Dieses Mystische eröffnet sich gerade in dem Raum, wo das Tun und Machen ein Ende findet. Wo Stille einkehrt, da sind die Räume, in denen Gott redet. Die Zuversicht lasse ich mir nicht nehmen, dass Gott imstande ist, mit den Menschen weiterhin im Dialog zu bleiben. Und dies um so mehr, je mehr die Gottesbeamten abtreten.

# Maria und Jesus

*Wir haben eine Figur, die im christlichen, im katholischen Glau-
ben eine besondere Rolle spielt, bisher gar nicht erwähnt, nämlich die sogenannte Mutter Gottes, Maria. Sie ist doch auch ver-
woben mit alten Muttergottheiten. Hat nicht auch da eine
Theologie um sich gegriffen, die eine andere zentrale Gestalt,
nämlich den von Ihnen favorisierten Jesus von Nazareth,
manchmal an den Rand gedrängt hat?*

Mancher wird an dieser Stelle erst einmal das Bedürfnis haben, Gutes zu hören über die Marienfrömmigkeit. Vor allem la-
teinamerikanische Christen glauben manchmal intensiver an
die Mutter Gottes als an Gott. Sie steht ihnen gefühlsmäßig
näher. Egal, wie sich der Kult der Maria im Christentum begründet oder widerlegt, ich bin davon überzeugt: In der Marienfrömmigkeit ist die zu Recht bestehende tiefe Erfahrung angesprochen, Gott müsse mütterliche Züge haben. Ich gebe
Erich Fromm recht, der sagte, dass die Botschaft Jesu im Neuen
Testament im Grunde den Kampf gegen den etablierten Patriarchalismus darstelle. Wenn Jesus immer wieder von einer
Güte ohne Grenzen spricht, von einer Akzeptation ohne Voraussetzung, einer Vergebung ohne Opferbedingungen und
Vorleistungen, dann ist das religionspsychologisch identisch
mit der Umformung psychischer und sozialer Zustände des Patriarchalismus' in ein matriarchal empfundenes Welt- und
Menschenbild, möglicherweise dann auch Gesellschaftsbild.

196

Das Problem ist: Im sogenannten Christentum, das sich auf Jesus beruft, wurde dieser Ansatz Jesu zu Gunsten von Kirchendogmatik, von Kirchenrecht, von Zwangsverwaltung beseitigt. Es gibt diese mütterlichen Elemente nicht mehr, die in Jesus lebten, wenn er sinngemäß sagte: „Betet zu Gott wie ein Kind mit eurem Vater oder mit eurer Mutter." Es gibt diese vertrauensvolle Kindlichkeit nicht mehr, diese spielende Unschuld, diese paradiesische Freudigkeit an der Welt, die Jesus mit seiner Gottesvorstellung verbunden hat. Es gibt in der Geschichte des Christentums – uns Älteren seit Kindertagen vertraut – stattdessen endlose Sündenängste, Strafriten, Beichten, Kreuzigungen. Das Bedürfnis freilich wächst dahin, *doch* die alten Elemente wieder zu finden. Das Paradoxe ist, dass die Mariologie nie imstande war, den Kampf zu führen, den Jesus mit seinem Religionstyp in seinen Tagen durchgefochten hat – eine wirkliche Änderung der Priesterreligion, sondern die Mariologie erhält sich, um gewissermaßen den römischen Patriarchalismus erträglich zu halten; sie ist nötig, damit man mit dem Kirchendogmatismus leben kann, aber sie ist außer Stande, irgend etwas wirklich zu verändern. Die Strukturen bleiben, wie sie sind.

In meinen Augen hat Sigmund Freud recht, wenn er den Katholizismus in drei Elementen beschrieb: Er ist eine strenge Vaterautorität, ein unangetasteter Patriarchalismus mit Absolutheitsanspruch. Daneben ist er als Triebrepression zu beschreiben, sichtbar etwa in den Ambivalenzen der zentralen katholischen Beamtenschaft, in der Zölibatsforderung: Das katholische Dauerthema ist die Sexualmoral, ganz unbezweifelbar und nicht lösbar. Als dritten Aspekt beschrieb Freud die Ambivalenz des Frauenbildes in Gestalt der Madonna und der Eva: Die Frau als ewige Verführerin und gleichzeitig als ewige

Retterin. Das Problem ist für jede konkrete Frau darin gegeben: Sie soll gleichzeitig ein Widerspruchsideal erfüllen – das der Jungfrau und das der Mutter. Als Frau, mit einer eigenständigen Werthaftigkeit, mit dem Selbstbewusstsein und dem Recht einer eigenen Entfaltung zwischen Mädchen und Mutter, kommt sie dabei eigentlich gar nicht vor. Ganz abgesehen davon, dass es viele Frauen gibt, die eben nun einmal nicht Mutter sind – diese Marienfrömmigkeit hat eine zwiespältige Folge, bei allem Wohltuenden, das ja auch nötig ist in Erinnerung an die Botschaft Jesu.

Hinzu kommt: Die Mariologie ist in der Bibel nicht begründet. In der Exegese des Neuen Testamentes gibt es keinen Hinweis darauf, dass man Maria verehren könnte als Himmelskönigin, als Gottesmutter usw. Wir haben es hier im Grunde mit dem Eintrag kleinasiatischer Mythologie zu tun, dem Kult der Großen Mutter – mit dem großen Erbe der Religionsgeschichte ...


*Eine andere Artemis sozusagen?*


▤ Ganz richtig. Wir müssen aber noch hinzufügen, dass schon der Kampf der Propheten im Judentum sich genau dagegen gerichtet hat. Der Kult der Gottesmutter oder der Himmelskönigin ist so viel älter als der Katholizismus, dass er schon in der Bibel zum Thema wurde. Jeremia kämpft noch in seinen letzten Kapiteln des Jeremia-Buches, während er von der Bühne in Ägypten abtritt, genau dagegen: dass man den Kult der Großen Mutter mit jüdischem Glauben zu vereinbaren sucht. Das Bekenntnis zu Gott als dem Vater hat diese heidnischen Beimischungen nicht in sich getragen. Das Christentum aber hat sich von Anfang an aus einer synkretistischen Verbindung von Judentum und Hellenismus entwickelt. Und in diese Entwicklung hinein hat man dann auch die Strömungen, die in den Magna-mater-Kult geführt haben, mit aufgegriffen. Vor allem im Mittelmeerraum hat es darin sein Sprachrohr und seine Ausdrucksform gefunden.

Ich glaube nicht, dass man kulturelle Gegebenheiten, historische Bedingtheiten einfach eliminieren kann. Ich bin darauf vorbereitet, dass man im Mittelmeerraum den Kult der Großen Mutter wie selbstverständlich beibehält, und die davon delegierten Kulturen in Lateinamerika und auf den Philippinen werden es wohl auch tun können und dürfen. Aber man kann daraus nicht zur Vorschrift machen, dass nur diese Art von Frömmigkeit gehalten würde. In Nordeuropa, im germanischen Raum, hat es die Verehrung der Großen Göttin nicht gegeben. Die Göttin Freya war niemals eine zentrale Muttergottheit. Der Protestantismus hat selbstverständlich recht, wenn er sagt: Wir kommen biblisch und menschlich ohne eine Große Mutter aus. Auf keinen Fall darf man sich das Bild Gottes, den Zugang von Gott und zu Gott, dadurch verdunkeln lassen. Es darf nicht dahin kommen, dass Maria am Ende wichtiger wird als Jesus oder dass sie in gewissem Sinn den Heiligen Geist ersetzt oder dass wir am Ende überhaupt nur noch die Mutter Gottes haben und ihren Sohn als kleines Küken in ihren Armen. Wenn es dabei bliebe, würden die Menschen selber kleine Kinder bleiben. Sie müssen aber von dem Mutterkomplex, vom Ödipuskomplex nun irgendwann mal frei werden. *Das* hat Jesus gewollt, und das ist ein gutes menschliches Erfordernis.

Ich beobachte im übrigen die schlimme Mischung, in der ewig kleine Söhne, die die Helden spielen, im Schatten der

Madonnenmystik ihr absolutistisches Ego pflegen können. Franco, der Caudillo, kommt mir da in den Sinn und der entsprechende Faschismus in Spanien, ich denke an Escriva, den Gründer des Opus Dei, ich denke an die Gleichzeitigkeit, mit der Päpste große Marienverehrer sind und gleichzeitig schlimme Absolutisten im Papstamt: Pius IX., Pius XII., Johannes Paul II. Psychologisch haben wir es aus meiner Sicht mit Söhnen zu tun, die offensichtlich ihrer Mutter die Genugtuung bieten mussten, Helden zu werden, sie zu beschützen, ihr das Leben zu retten, ihr gegenüber besonders nützlich zu sein. Ich sehe Söhne, die immer an die Mutter gebunden bleiben und sich ihr dienstbar machen, indem sie für sie die Welt erobern: – eine gefährliche Mischung!

*Sie haben auf die Verbindung von Maria, der Mutter Gottes mit den alten Muttergottheiten im Hellenismus und im kleinasiatischen Raum hingewiesen. Wie hat sich das entwickelt? Welche Rolle spielte in den früheren Kulturen die Muttergottheit?*

■ Wenn wir die Frage nach den früheren Kulturen stellen, bedeutet das, zunächst einmal, den hellenistischen, griechischen, römischen Kulturbereich durchzumustern. Im Blick auf diesen kulturellen Raum wird man sagen können, dass weibliche Gottheiten immer eine große Rolle gespielt haben, aber nie eine zentrale Rolle. Die zentrale Macht für die Griechen war selbstverständlich Gottvater Zeus. Freilich, nicht ganz selbstverständlich: er musste erst einmal die Titanen vom Olymp stoßen, heldische Kriege führen, und auch die Gattin an seiner Seite, Hera, war nie so ganz das Vorbild einer glücklichen Ehefrau. Zu *Hera* gehört nicht die offene Natur, sondern das Haus, und ihr Tier ist die Kuh. Darin lebt die Kraft einer mütterlichen Gottheit, die imstande ist, den Menschen in diesen bäuerlichen Kulturen beizustehen. Hera kann mit ihrer Eifersucht auch Kriege vom Zaune brechen lassen, sie kann den Menschen, den Helden, Männern, Söhnen, machtvoll zur Seite treten. Aber sie ist eine Göttin, in der die regenerativen Kräfte der Natur erlebt und verehrt werden können.

Es gibt frühere Gottheiten, die nicht mehr so machtvoll sind im griechischen Götterhimmel, dem Olymp: die Göttin *Artemis* vor allem. Artemis wird begriffen als Jägerin. Manche Archäologen meinen, dass sie von den Griechen übernommen wurde, aber vermutlich in Anklängen auch an die eigene Kulturgeschichte verehrt wurde. Artemis hat zu tun mit dem Kult der Bären z. B., so tief scheint es geschichtlich zurückzugehen. Es ist die Erinnerung daran, dass Menschen – längst vor dem Ackerbau – von der Jagd gelebt haben. Artemis hätte uns Heutigen viel zu sagen, mehr als die Göttin Hera vermutlich. Aber, wenn Sie schon so fragen: Hera hätte etwas dagegen, mit den Rindern derart zu verfahren, wie wir es heute tun. Sie würde schreien vor Wut. Sie würde die Rache ihres nicht immer geliebten Zeus herbeirufen. Die Griechen hätten niemals den Frevel an der Göttin begangen, zwei Millionen Tiere aus den Stallungen heraus zu ermorden. Auch Artemis kann *den Jägern* in den Arm fallen: Wenn sie beim Töten von Tieren grausam sind und mehr Schmerz zufügen, als zur Jagd nötig ist, kann sie die Pfeile auf den Jäger lenken. Er verstümmelt sich selber damit und bringt sich nicht nur um seine Berufsehre als Waidmann, er verrät die Göttin.

Diese alten Kulturen hatten also, wenn sie die Göttinnen verehrten, auch eine bestimmte Ethik des Maßes, d. h. der Grenzziehung gegenüber der menschlichen Willkür. Menschen, die wirklich von Tieren leben mussten, die Jägerkulturen, weisen das auf, was Anthropologen, Ethnologen als Tiertöter-Skrupulantimus bezeichnet haben. Es gibt immer ein schlechtes Gewissen dabei, wenn man ein im Grunde göttliches Lebewesen, ein Tier, töten muss. Man muss das unter Umständen, Gott verdammt, man muss das, aber es gibt kein gutes Recht dazu. Man muss die Gottheit, die dahintersteht, um Vergebung bitten, oder in Stammesgesellschaften, im Schamanismus, den Geist der Tiere beschwören und um Vergebung anleiten. Man macht sich schuldig, wenn man tötet, und man tötet daher auch nicht mehr als notwendig. Das macht Sinn, denn die Ausrottung der Tiere ist identisch mit der Vernichtung der eigenen Lebensgrundlage.

Diese Ethik ordnet den Menschen ein in die Natur, und sie erkennt auch die Ordnung an, in der der Mensch sich vorfindet. Der Mensch hat nicht das Recht, sie zu zerstören, er ist nur Teil darin. Das ist sehr konkret eine der Folgerungen von allem, was wir oben sagten: Wir bräuchten erst einmal eine Religion, die die Positionierung des Menschen entgegen seinem Mittelpunktswahn richtiger und achsengerechter formuliert. Dann hätten wir, wie selbstverständlich, eine Ethik, die dem Menschen Grenzen setzt für das, was er tun kann, und für das, was er sicher nicht mehr tun darf. Ein Mensch ist nach der Einsicht dieser alten Religionen nicht einfach ein geborener Killer. Da gibt es Tabus, die er erst einmal überschreiten muss und die die Religion schützend immer wieder betont hat. Diese alten Religionen weiblicher Gottheiten könnten uns also sehr vieles sagen, was uns helfen würde, weise zu werden, wenn wir es nicht als historische Erinnerung ad acta legen, sondern den bleibenden Bedeutungskern herausschälen.

# Die Sprache des Mythos

*Also heißt das: Neben den Naturwissenschaften ist auch die Rückbesinnung auf Kulturgeschichte, auf Mythen zum Verständnis des Glaubens und dessen, was Religion ausmacht, notwendig?*

Sogar in doppelter Hinsicht ist eine solche Besinnung unbedingt notwendig. Christentum und auch das Judentum haben immer gemeint, sich aus den mythischen Religionen herausnehmen zu können. Der Eingottglaube, der Monotheismus, war immer auch ein Kampf gegen die Götter der Heiden. Das ist ohne jeden Zweifel eine gewaltige kulturelle Fortschrittsleistung gewesen, die mit der Bibel identisch ist. Auf der anderen Seite sollte dies jedoch nicht dahin führen, dass wir gleichzeitig die Verbindung zwischen Mensch und Natur zerschneiden. Das aber ist geschehen. Wir haben die mythenbildenden Kräfte in der menschlichen Psyche selber dämonisiert.

Schon psychologisch bringt dies ein großes Problem: Unser Glauben an Gott ist entweder nicht mehr tief genug verwurzelt, er verbindet sich nicht mehr mit den tiefen Bedürfnissen, Vorstellungen, Träumen, mythischen Resten der menschlichen Erfahrung, oder er verbindet sich damit nur zum Schein, indem wir das ganze Material des Unterbewussten projektiv als geoffenbarte Wahrheit in Gott verewigen. In diesem Fall hat die Feuerbach'sche Religionskritik recht: Wir reden beim Sprechen von Gott im Grunde über den Menschen, aber das darf der Mensch nicht wissen. Wir haben die menschliche Psychologie im Grunde auf die Seite Gottes geschlagen, und das entfremdet den Menschen. Er findet sich darin nicht wieder, er findet nur seine Selbstentfremdung darin.

Dann wird es fast wie eine Zerstörung des Glaubens empfunden, wenn man diesen Projektionsvorgang rückgängig macht und sagt: Wir müssen erst einmal über Menschen sprechen; all das, was wir von Gott sagen, sind menschliche Vorstellungen. Gott ist keine Frau, Gott ist kein Mann, Gott ist kein Vater, keine Mutter usw. Der Mythos weiß allemal, dass er in der Sprache menschlicher Sehnsüchte redet und in menschlicher Form von Gott spricht.

Wir müssten also die mythischen Sprachformen und Bilder interpretieren, statt sie zu dogmatisieren oder zu historisieren. Es ist mythischer Rede nicht angemessen, zu sagen: Die christliche Wahrheit besteht eben darin, dass alte Mythen der Völker nun schwarz auf weiß, historisch-faktisch wahr geworden sind. Wenn also die Ägypter gesagt haben, der Pharao ist ein Gotteskind, dann war das falsch, aber nun auf einmal ist es historisch die Wahrheit in Christo: Die Jungfrau hat geboren, biologisch ist das Wunder passiert, und das unterscheidet uns von den Heiden. Oder: Wenn der Buddha von einer Jungfrau zur Welt gebracht worden sein soll, dann ist das falsch, ein Irrtum, aber in Jesus ist es die faktische Wahrheit.

Solche Unterscheidungen im vermeintlich Historischen sind dem Christentum seit über 1800 Jahren selbstverständlich geworden. Sie spielen immer noch die allergrößte Rolle für die Theologen. Man versteht aber weder die Bibel noch versteht man die antiken Mythen noch versteht man den Menschen noch versteht man Gott, wenn man so vorgeht. Die Bilder selber sind wunderbar, aber man muss sie aus den psychischen Gegebenheiten der Menschen heraus zu interpretieren versuchen. Nur dann wird man den Konflikt mit den Naturwissenschaften los. Wie soll glaubhaft sein, dass biologisch eine jungfräuliche Frau ein Kind zur Welt bringt, ohne Dazutun des Mannes? Man müsste dann eben sagen: Gott kann Wunder wirken in dem Sinne, dass er die Naturzusammenhänge einfach auflöst und überspringt. Wieder bleibt dann die Frage: Wie kann unter solchen Umständen bei einiger Vernunft Naturwissenschaft in Geltung sein? Ein Gott, der sich unter solchen Formen beglaubigen will und kann, ja du liebe Zeit, der hätte Besseres zu tun und wäre auf der Stelle in die Pflicht zu nehmen, dass er Wunder wirkt, die wirklichen Nutzen stiften. Das „Wunder" einer „jungfräulichen Geburt", in der Maria selbst „jungfräulich" im biologischen Sinne während der Geburt ihres Kindes bleibt, hat offensichtlich gar keinen Nutzen, denn Jesus kann zur Welt gekommen sein, wie er will, und er ist immer noch Sohn Gottes in dem von uns angegebenen Sinn.

Mit anderen Worten: Indem das Christentum sich aus der Natur herausgeschnitten und von den Mythen gelöst hat, hat es den Menschen selber anthropologisch auf eine Art reduziert, die nicht gut gehen kann. Schon deshalb ist es sehr wichtig, die Chance zu begreifen, die im Christlichen auch liegt. Denn das Christliche hat den jüdischen Monotheismus und den Bilderreichtum der griechisch-römischen Spätantike, das ganze Ensemble der Mythen, mit aufgenommen. Ich wünschte, wir könnten die Klarheit des Denkens und Bewusstseins mit der Poesie und Zärtlichkeit des Gefühls und der Vorstellung verschmelzen und dabei eine integrale Form der

Menschwerdung beschreiben und begründen. Aber das setzt in der Tat voraus, dass wir an die Mythen anknüpfen, statt sie als bedeutungslos oder als bloße Vorstadien des endlich in Raum und Zeit faktisch erschienenen wahrhaftigen Glaubens bei Seite zu tun.

*Warum sind sie uns so unwesentlich geworden? Steht dahinter Angst, dass dadurch der wahre Glaube relativiert wird?*

▪ Ohne Zweifel, und diese Angst wirkt, um genau zu sein, vom Ende des ersten nachchristlichen Jahrhunderts, Anfang des zweiten nachchristlichen Jahrhunderts an. Man kann das festmachen an den sogenannten frühchristlichen Apologeten. Das Christentum hörte vom Jahre 70 an auf, eine jüdische Sekte zu sein und wurde – vor allem für die Römer – überhaupt erst in der Zeit danach als eine eigene religiöse Bewegung erkennbar. Noch für Tacitus in den *Annalen* ist das Christentum etwas mehr oder minder Jüdisches: Da wurde jemand gekreuzigt unter Tiberius im Rahmen der Messiasbewegung des Judentums, die im Römischen Reich Schwierigkeiten machte. Man fängt erst Ende des ersten Jahrhunderts an, im sogenannten Hellenismus das Christentum als eigene Bewegung wahrzunehmen, und es löst sich jetzt selbst unter enormen Geburtsschmerzen aus dem Judentum heraus, – mit Problemen, die uns bis heute schlimmerweise und bedauerlicherweise erhalten geblieben sind.

Nun aber behauptet das Christentum, dass es wirklich etwas Besonderes sei. Es ist ohne Zweifel jüdischer Herkunft. Aber es wirft als erstes den Juden vor, dass sie an Jesus, den Christus, nicht geglaubt haben und immer noch nicht glauben. Das Christentum sucht sein Heil jetzt buchstäblich bei den Heiden und für die Heiden. Bei denen gibt es offensichtlich viele vor allem in der Unterschicht, die sich auch von der Botschaft des Gekreuzigten und Auferstandenen ansprechen lassen. Diese Bewegung ist außerordentlich wichtig und auch sozialgeschichtlich, nach Max Webers Interpretation, bis zum Zusammenbruch des Römischen Reiches wichtig geworden. Man greift jetzt, um Jesus zu verkünden, eine Fülle von Bildern auf, die, zum Teil von Ägypten kommend, in den Psalmen, in den Prophetentexten des Alten Testamentes stecken, und historisiert diese Bilder. Das, was im Mythos des Heidentums als Bild gegenwärtig ist, wird als historische Tatsache behauptet.

Nun kommt die heidnische Philosophie, z. B. der schon erwähnte Celsus um 170 n. Chr., voller Zorn, um zu sagen: Ihr erzählt nur das, was überall erzählt wird. Und Celsus listet das alles auf: von Herakles und Orpheus etc. Alle griechischen, römischen Mythen, die ihm zur Verfügung stehen, haben ähnliche Bilder zur Sprache gebracht. Der einzige Unterschied aber soll jetzt im Sinne des Christentums darin liegen, dass dieses alles Lüge und Phantasmagorie war, indem es sich in *Christus* (nicht in Jesus, sondern in der theologischen Bedeutung der Person Jesu, also eben nicht in dem historischen Jesus) ein für allemal doch „historisch" ereignet habe. Der Mythos sei zur Wahrheit geworden, zum Logos.

So werden Sie auch heute noch die meisten Theologen sprechen hören. Damit wird der Differenzpunkt, das Wahrheitskriterium, an die faktische Historie gebunden. Und da liegt es freilich keinesfalls.

Die Bibelexegese in den letzten zweihundert Jahren, um genau zu sein: schon seit Spinozas *Theologisch-politischem Traktat,* hat gezeigt, dass man die Bibel so nicht lesen kann: wie ein Geschichtsbuch voller Informationen über historische Fakten. Im Gegenteil: Wo historisch gut beglaubigte Informationen liegen, haben wir es mit Ereignissen zu tun, die für die Zeitgenossen höchst bedeutsam waren, aber für uns Heutige im Grunde gleichgültig sind. Wir wissen z. B. auf die Stunde und den Tag genau, wann Nebukadnezar Jerusalem erobert hat. Das war ein absolut zentrales Ereignis für das Judentum damals. Für uns Heutige ist es absolut belanglos geworden, ein Teil der historischen Erinnerung, mehr nicht. Anders verhält es sich mit Geschichten, die wir historisch überhaupt nicht fassen können: die Geburt Jesu beispielsweise, die Ereignisse um Ostern. Wir haben darüber keine Informationen. Was wir haben, sind Bilder zur Deutung der Erfahrungen, die Menschen mit der Person Jesu gemacht haben.

Was bedeutet es, wenn man ein Kind Gottes wird? Wie kann man beschreiben, dass Jesus etwas vermittelt hat, das dem Tod standhält? Wie hört man einen Engel reden an einer Zone, wo nichts ist als der gähnende Abgrund von Verweslichkeit und Vergänglichkeit? Wie findet man zurück über die Verurteilung und Hinrichtung Jesu an den Ort, wo er sprach?

An all den Stellen haben wir es mit existentiell dichten Bildern zu tun, die davon erzählen, wie Gott in die Geschichte hineinwirkt. Immer, wenn man erzählt, wie Gott in die Geschichte hineinwirkt, erzählt man notwendigerweise in der Sprache des Mythos. Mythos ist die Form, in der man Menschengeschichte als Gottesgeschichte erzählt. Wer sagen will, dass er eine religiöse Erfahrung gemacht hat, die er anderen mitteilen möchte, braucht die Sprache des Mythos. Entscheidend ist nur: dass man diese Sprache, weil sie so fein und sensibel ist, nicht vergegenständlicht, nicht objektiviert, nicht im

Draußen historisiert. Alles, was da religiös erfahren wurde, ist im Inneren erfahren worden, ist der Ausdruck und die Deutung dieser inneren Erfahrungen, die in Raum und Zeit spielen. Aber auf der Ebene von Raum und Zeit liegt nicht die Erfahrung, die da gemacht wurde.

Deswegen ist es falsch, die Bilder des Mythos von den Bildern der Bibel abzusetzen oder sie zur christlichen Theologie als inhaltlich gegensätzlich in Widerspruch zu bringen. Die Frage nach der Wahrheit dieser Bilder liegt nicht im Inhalt der Bilder, sondern in der Weise, wie man sie gebraucht. Wie man sie deutet, in welcher Art sie zur Vermenschlichung oder zur Verunmenschlichung der Menschen wirken, das ist wichtig. Die mythischen Bilder sind an sich offen für vielerei Art von Aneignung, wie die Geschichte des Christentums selber zeigt. Nimmt man sie äußerlich, schafft man eine immer wieder zur Gewaltanwendung bereite Ideologie. Liest man sie innerlich, hat man in ihnen Quellen zur Integration des Psychischen. Und je nach dem, ob man sie innerlich versteht oder äußerlich vergegenständlicht, hat man den Unterschied von Glauben und Aberglauben, zwischen Ideologie und einer Theologie im wahren Sinne.

Ein kleines Beispiel: Die Bibel erzählt im sechsten Kapitel des Markus-Evangeliums davon, wie Jesus Brote vermehrt hat. Der Erzbischof von Paderborn hat mir im Jahre 1990 angedeutet, dass ich kein gläubiger Mensch bin, wenn ich sage, dies sei eine Legende, näherhin eine Legende, die an das Wunder des Propheten Elia bei der Witwe in Sarepta erinnert und an das Manna-Wunder des Moses; der biblische Text wolle im Grunde sagen, Jesus sei der zweite Moses, der wiedergekommene Elia – eine theologisch höchst verdichtete Legende. Meine Antwort war damals in etwa: Sie finden, Eminenz, kaum einen Theologen, der eine Geschichte wie diese nicht als Legende sehen würde, wenn er überhaupt etwas versteht vom Neuen Testament. – Nein, Legende nicht, sprach mein Erzbischof. Also konnte ich nur sagen: Es ist ja über die Wahrheit des Inhalts nichts gesagt, wenn wir eine Geschichte eine Legende nennen. Auch Legenden können ihre Wahrheit haben. Wir haben es lediglich zu tun mit der Bestimmung einer Literaturgattung. Die Erzählform der Geschichte von der Brotvermehrung ist die Form der Legende, – nicht der Fabel z. B., Tiere kommen nicht drin vor – auch nicht des Märchens, es wird nicht gezaubert; es ist die Geschichte eines heiligen Mannes, der in der Kraft Gottes etwas Besonders tut zum Wohl der Menschen. Das nennt man eine Legende, vor allem deshalb, weil so viel Theologie drin steckt. Es soll uns wirklich etwas gesagt sein. – Nein, Legende nicht, sagte der Erzbischof. Ich sagte: Gut, sollen wir jetzt als historisch glauben, Jesus habe Brote vermehrt – hier war zunächst ein Brot, und später waren es wie viele, fünftausend? – Ja, das muss Jesus getan haben, das muss er gekonnt haben, weil er der Sohn Gottes war. So der Kardinal von Paderborn als Lehramtswächter Roms.

In dieser Argumentation war gleich zweierlei verkehrt. Zum einen: Wieso muss Jesus Brote haben vermehren können, weil er der „Sohn Gottes" war? Und wenn er es gekonnt hat, woher wissen wir historisch, dass er es auch gemacht hat? Müssen wir sagen: Wir wissen, dass Jesus Brote vermehren konnte, weil er Brote vermehrt hat, oder ist es umgekehrt: Wir hören in einer Geschichte, dass Jesus Brote vermehrt hätte, dann missverstehen wir eine fromme Erzählung als historische Berichterstattung, und dann erklären wir, dass Jesus ja allmächtig war, um zu begründen, warum er selbst das Unwahrscheinlichste noch tun konnte? Für meinen Bischof war das alles nur Gerede, er wollte es nicht hören; er wollte wissen, ob ich in seinem Sinne „gläubig" bin oder „ungläubig".

Also versuchte ich es noch einmal anders und sagte: Wenn wir wirklich glauben müssen, Jesus habe damals Brote vermehrt und sei also imstande gewesen, jederzeit weitere Wunder dieser Art zu tun, warum hat er es dann bei dem einen Wunder belassen? Es gibt so viele Menschen, die hungern. Er hätte doch ein für allemal jetzt ein Wunder setzen können, das uns in den Stand bringt, nicht mehr Menschen hungern zu sehen. Das wäre doch wünschenswert. Und unter uns, ein Mann, der solches kann und es unterlässt, angesichts der Not der Menschen, ist zu verklagen wegen unterlassener Hilfeleistung. – Das geht zu weit, spricht mein Erzbischof. – Freilich, sag ich, geht das zu weit. Mir auch. Aber es folgt doch ganz aus den Beweisführungen, die Sie zugrundelegen. Ein Arzt, der helfen kann auf einer Station und lässt eine Patientin sterben, wird anschließend gerichtlich vernommen werden, was da los war. Am Jüngsten Tage stelle ich mir vor, nach Ihrer Theologie, hätten wir ein Recht, Gott über vieles zu vernehmen. Wenn er auf *diese* Weise für allmächtig gehalten wird und in seinem Sohn inkarniert und tut lauter Wunder ein einzigmal, aber gar nicht, um den Menschen zu helfen, genau betrachtet, sondern nur um seine Macht ein für allemal kundzutun, die er dann wieder, unbegreifbar, gar nicht mehr in alle Zukunft hin anwendet, so verspreche ich Ihnen, alle Zwölfjährigen, denen Sie das in den Religionsunterricht packen, hören auf, an irgendetwas noch zu glauben. Sie begreifen, dass das irgendwo verrückt ist. Und ich kann nicht länger für möglich halten, dass Sie diese Theologie den Religionslehrern oder mir jetzt vorschreiben wollen.

In einer solchen „Theologie", das kann jeder sehen, wird nicht Glauben verkündet, sondern Unglauben oder unter viel Zwang eine Weile noch Aberglauben. Was wir vor uns haben, ist freilich – ich muss dem Bischof von Paderborn Ehre antun – nicht von ihm selbst erfunden. Diese Art, die Bibel auszulegen, ist auf dem Hintergrund kirchenamtlicher Tradition unmythisch in dem Sinne, dass sie Wunder, Mythen, Legenden, Sagen, was auch immer an poetischen Texten im Alten oder Neuen Testament steht, für wahr nur dann hält, wenn man es historisch nimmt.

Ich habe gerade über den Propheten Jona ein kleines Buch geschrieben; da bestand bis vor kurzem noch dasselbe Problem: Kann ein Fisch Jona fressen und ausspeien, und gibt es eine Rizinusstaude, die in einer Nacht zum Baum und Schattenspender aufwächst? Man könnte mit Händen greifen, dass wir es hier zu tun haben mit einer Propheten-Legende und nicht mit einem Geschichtsbericht. Alle Exegeten sind dieser Meinung, aber mein eigener Dogmatiklehrer wurde noch in den dreißiger Jahren verurteilt dafür, dass er ernsthaft glaubte: Es ist mit dem Fisch doch nicht so gewesen, wie es in der Bibel steht.

Wie viel brauchen solche Theologen, um zu begreifen, dass Gott im Herzen der Menschen redet und dass Dichtung womöglich wahrer ist als das Geschichtsbuch? Wieso eigentlich ist nur das Geschichtsbuch die Wahrheit und nicht die Dichtung sehr viel wahrer? Das Geschichtsbuch hat die Macht, sich fortzuzeugen, schon entsprechend der Art, wie Geschichte meist betrachtet wird: als eine Geschichte der Sieger, als eine Geschichte, in der die Schlachten und das Schlachten übergroße Bedeutung annehmen, in der die kleinen Leute gar nicht erst vorkommen, in der man sich einbildet, die Wirklichkeit forme sich durch die Entscheidung irgendwelcher überragender Köpfe oder Halbwahnsinniger. Wie aber wäre es, wenn die Dichtung recht hätte – und unsere wirklichen Sehnsüchte formten die Realität? Wir hätten einen vollkommen anderen Begriff von der Wirklichkeit, und es wäre der einzige, der in der Religion genehm sein müsste. Das Neue Testament besteht aus einer Fülle von Visionen, um die alberne Wirklichkeit zu widerlegen, die wir uns vordiktieren lassen!

Darum brauchen wir die Dichtung – um Menschen zu werden. Und sähen wir das auch in der Religion so, jenseits des Aberglaubens, hätten wir den rechten Gebrauch von Mythen, im Christentum und jenseits des Christentums. Und wir könnten an Hand der mythischen Bilder augenblicklich die Vertreter aller Religionen einladen, so wie zu einem Poetenkongress, um sich wechselseitig ihre Geschichten zu erzählen. Da kämen jetzt Goethe und Shakespeare und Dostojewski, und es wäre ein wunderbarer Kongress. Oder wir hätten ein Musikfestival, und es kämen jetzt Mozart und Beethoven: Ja, das wäre es! Und so, hoffe ich, entsteht die neue Sprache der Religion.

# Selbstfindung ist Gottfindung

*Noch einmal auf den Punkt gebracht, heißt das alles, was Sie ge-*
*sagt haben, dann nicht letztlich: „Habe Mut, deinen eigenen*
*Weg zu finden, horche in dich hinein, lass Bilder auf dich wir-*
*ken und gib selbst Zeugnis von dem, was du dabei erlebst"?*

■ Das ist nicht das Ganze, aber darauf auch läuft es hinaus,
unbedingt sogar. Ich habe mir seit langem die Vorstellung gemacht, dass die Psychoanalyse, eine aussterbende Variante der
Psychotherapie, kulturell doch darin einen enormen Fortschritt im 20. Jahrhundert gebracht hat, als sie eines zu erkennen vermochte: Menschen müssen krank werden, wenn sie
verlernen, ihren Träumen zuzuhören.

Mit *Traum* gemeint ist dabei nicht bloß ein Erleben im
Schlafzustand, sondern die gesamte Fülle des Poetischen in
der Seele des Menschen. Die Tagträume sind genauso wichtig
wie die Träume der Nacht. Bernard Shaw hat einmal sehr
schön gesagt: „Es gibt Menschen, die träumen, um besser zu
schlafen. Und es gibt Menschen, die träumen, um aufzuwa-
chen." Die Religion mit ihren Bildern, Mythen, Symbolen ist
voller Träume zum Aufwachen, zur Widerlegung und Änderung der Wirklichkeit. Ein Mensch muss glauben an das, was
er vor sich sieht an innerer Vision.

Ich leide sehr darunter, dass wir unter Erziehung, unter
Pädagogik in den Schulen, in den Elternhäusern immer mehr
etwas verstehen, das uns zwingt, den Kindern ihre Träume aus-

zutreiben. Man macht sie stromlinienförmig – „trendy" und „handy" – angepasst. Man verlangt von ihnen einen permanenten Selbstverrat. Wo existiert noch ein *Deutschunterricht*, in dem Lyrik zur Sprache und Ausdrucksform der Liebe würde, in dem Bilder in sich selber, im gerade angegebenen Sinne, gedeutet werden könnten? Vom *Religionsunterricht* muss man es verlangen. Aber eine absurde Auslegungsmethode im Schatten der historisch-kritischen Exegese und der katholischen Dogmatik lassen überhaupt nicht zu, den Befund historischer Ehrlichkeit, nämlich die Einsicht, dass die Bibel in Bildern redet, durch eine vertiefte Psychologie weiterzuführen – und damit auch die Verständnismöglichkeit des Menschen zu erweitern.

Die Entdeckung Freuds war ja: Man kann Menschen nur verstehen, wenn man ihre Träume versteht. Was Menschen im Bewusstsein von sich sagen, ist verformt durch die ständige Begleitung des Zwangs: du darfst nur sagen, was man von dir hören will; sonst: Schamgefühl, Schuldgefühl, Entsetzen über sich selber. Alles an dieser Gedankenkontrolle verbiegt die Wahrheit, die nötig wäre, um sich selber zu begegnen. Aber die Träume reden ein Stück weit ehrlich, sie deuten mindestens an, welche Konflikte zu erwarten stehen. Kurz: Menschen sind viel reicher, als sie sein dürfen. Sie sind oft furchtbarer, als sie denken, aber auch viel großartiger, als sie sich je zu sehen vermochten. Dieses ganze riesige Gebirge, das die menschliche Seele ist, lässt sich nicht verflachen auf das Niveau einer Autobahn. Wir bräuchten dementsprechend nicht nur eine andere Pädagogik und eine andere Religion, wir bräuchten letztlich, auf dieser Basis, eine veränderte Kultur.

Eigentlich sollte alle Kultur getragen sein von dem Ethos, das Immanuel Kant vor zweihundert Jahren formuliert hat:

„Ein Mensch sollte betrachtet werden niemals als Mittel zum Zweck, sondern stets als Zweck an sich selber." Auf diesem Hintergrund ist es wünschenswert, dass Menschen sich selber finden, sich selber suchen, sich selber verwirklichen möchten. Psychologisch gesehen, vor allem im Sprachgebrauch von C. G. Jung, ist das die wesentliche Aufgabe unseres Lebens: zu uns selber zu finden, um die Wirklichkeit zu setzen, die mit uns gemeint ist.

Nichts Egoistisches ist dabei impliziert. Ganz im Gegenteil, man kann zeigen, dass Menschen um so selbstsüchtiger sind und wohl auch sein müssen, als sie Schmerz empfinden. Alles Leid, aller Schmerz macht die Menschen egozentrisch, und das ist gut so. Denn der Schmerz will gerade sagen: Kümmere dich jetzt um die Ursachen der Erkrankung, des Leides, um sie abzuschaffen. Nur ein glücklicher Mensch kann frei von sich selber, offen in die Welt gehen.

Selbstfindung ist nach meinem Begreifen identisch mit Gottfindung, und im Neuen Testament ist mir nichts schöner, als die Wundergeschichten, die von Jesus berichtet werden, gerade in diesem Sinne zu interpretieren.

Wohlgemerkt, es ist im Unterschied etwa zu Johannes dem Täufer oder zu anderen Rabbinen in der Zeit Jesu singulär, dass man von dem Mann aus Nazareth Heilungswunder berichtet. Offensichtlich ist darin ein historisch richtiger Reflex enthalten. Jesus muss auf Menschen zugegangen sein mit der vermutlich für ihn selber überraschenden, dankenswerten, erschütternden Erfahrung, dass er durch seine Nähe imstande ist, Menschen, die seit langer Zeit gelitten haben und krank gewesen sind, von ihren Leiden zu befreien. Das muss zum Erleben Jesu historisch gehört haben, so sehr, dass er im sechsten Kapitel bei Markus die Jünger aussendet, mit dem Befehl förmlich, von Gott gar nicht anders zu sprechen, als indem sie Kranke heilen und Dämonen austreiben. Für *Dämonen* setze ich jetzt einmal all die Zustände neurotischer und psychotischer Art ein, die wir in der Psychopathologie heute beschreiben. Nicht verbunden sind für mich damit Vorstellungen von Teufelsbesessenheit und Spuk im Sinne der mittelalterlichen und katholischen Dogmatik. Jesus war offenbar imstande, Menschen sich selber zurückzugeben. Und fragt man, wodurch er das konnte, dann lautet die merkwürdige Antwort der Kirchendogmatik immer noch, ganz im Sinne meines Erzbischofs, dass Jesus ja gar kein Problem darin hatte, weil er kraft göttlicher Natur alles konnte, was er wollte, wann er wollte, wo er wollte und wie er wollte. Diese Antwort ist sehr bequem, denn sie läuft darauf hinaus, dass wir, die Christgläubigen, Grund haben, Jesus zu danken und ihn auf den Knien zu verehren, ihn um seinen Beistand zu bitten und ihn zu verherrlichen; aber wir kommen bei dieser theologischen Erklärung nie auch nur in den Verdacht oder in die Notwendigkeit oder zu dem Mut, ein Gleiches zu tun. Denn wir sind ja nicht allmächtig, und wir würden uns vermessen und vermessentlich sündigen auf Gottes Barmherzigkeit gar, wollten wir uns ein Gleiches zutrauen.

Wenn wir indessen auf Jesus sehen, erfahren wir etwas ganz anderes: Durch seine Art, sich mit Gott verbunden zu fühlen, strömte er ein Vertrauen aus, das Menschen in Zonen der Angst elementar berührt hat. Ängste, die seit Kindertagen sie verwüstet haben, konnten plötzlich wie zum Verschwinden gebracht werden. Wenn dieser Mann in ihrer Nähe war, brauchte man so verängstigt nicht zu sein.

Ich stelle mir das manchmal wirklich historisch vor, wenn die Bibel erzählt, achtes Kapitel bei Lukas, dass unter den

Frauen, die mit Jesus gingen, u. a. Maria von Magdala gewesen sei, besessen von sieben bösen Geistern. Da ist ein Mensch, der die Frage: „Wer bist du?" gar nicht beantworten kann. Er kann nur sagen: „Es gibt ein Archiv von Tonbändern, da redet mein Vater, meine Mutter, mein älterer Bruder, der Lehrer, der Pastor, der Spieß auf dem Kasernenhof, der Chef, – die alle wussten, wer ich bin, und vor allem, wer ich zu sein habe. Nur ich wusste das nie, und ich weiß es bis heute nicht. Du redest nicht mit einem Menschen. Du redest mit diesem Tumult von Stimmen. Es gibt mich überhaupt nicht, mein Herr. Ich bin nicht ich, verstehst du? Das ist mein Zustand." Eine Frau, wie Maria von Magdala muss sich in der Nähe Jesu zum erstenmal gefunden haben, und sie wird später von Gott nie anders erzählt haben können, als indem sie sagte: „Er hat es mir erklärt."

So ist, wie gesagt, Selbstfindung und Gottfindung ein und dasselbe. Es geht um die Macht eines Vertrauens, das aus einer reinen Liebe wächst. Das sind die Wunder Jesu. Und davon konnte Jesus sagen: „Wer irgendwas davon begriffen hat, der wird in alle Zukunft gar nicht anders tun können, als so." (Joh 5, 20; 14, 12)

*Und das kann im Grunde jeder begreifen, dazu braucht er keine hohe Theologie, es ist eine praktische Wirklichkeit?*

■ Ich stimme hier meinem Freund Eugen Biser zu. Wir haben beide, unabhängig voneinander, entdeckt, dass wir in dem Punkte dasselbe denken: Das Christentum ist ganz zentral therapeutisch zu bestimmen – sehr im Unterschied etwa zum Judentum oder Islam, die sich wesentlich vom Gesetz her definieren, oder auch im Unterschied zum Buddhismus, der eine stark asketisch-meditative Religion ist. Das Christentum, da haben die frühen Therapeuten Recht, die man schon im 2., 3. Jahrhundert häretisiert hat, ist darin beglaubigt, dass die Sache Jesu therapeutisch wirkt. Der Bezug auf Jesus verliert jeden Kredit, wenn er diese Macht verliert.

Umso erschreckender der Zustand der heutigen Kirchenfrömmigkeit! Alles, was schwierig ist, wird entweder an den Aberglauben delegiert oder an die normalen Krankenhausbetriebe. Denn für Krankheiten der Seele sind die „Seelsorger", die Pastöre, nun mal nicht zuständig. Die Folge: Sie kommen in aller Regel da nicht vor, wo die Menschen sie brauchen würden, sondern leben in Ämtern, die sie vor der Wirklichkeit abschirmen, im Rahmen einer Ideologie, die sie hindert, die Wirklichkeit zu verstehen. Ich kenne kaum einen theologischen Ort, wo man die Bibel so auslegen würde, dass die Träume, die Ängste, die Nöte, die neurotischen Verquertheiten, die Kindheitsgeschichten der Studentin, des Studenten, die nun in der Theologie Gott kennen lernen wollen, durchgearbeitet und thematisiert würden. Man kann all das theologische Informationsmaterial bis zum Sehr-gut im Examen lernen, ohne dass sich menschlich irgendetwas verändert hätte. Und nicht nur bei den Studenten ist das so, bei den Dozenten ist es nicht anders. Auf der einen Seite machen ihnen die Naturwissenschaften Angst und auf der anderen Seite das, wovon wir hier reden: die innere Natur, der sie selber begegnen müssten. Es geht, um die therapeutische Dimension der Botschaft Jesu zu begreifen, ja nicht darum, dass man noch ein neues Buch aus einem fremden Fachbereich liest, sondern dass man die eigene Persönlichkeit noch einmal ganz anders kennen lernt. Es genügt dann nicht mehr, dass man als Beam-

ter im C 4-Gehalt, also sprich: mit DM 12 000,– pro Monat, ein-
herschreitet und verkündet, wie Jesus doch arm war und gelitten hat. Jetzt plötzlich stellt sich die Frage: Was bist du selbst
für ein Mensch?

Das aber ist die entscheidende Frage. Man kann Menschen
nur helfen bis zu dem Punkt, bis zu dem man selbst gekommen ist. Nur die Menschlichkeit kann menschlich hilfreich
sein. Eigentlich ist das tautologisch und selbstverständlich,
aber es ist unerhört im Kontext beamteter Theologie, – gar
nicht auszudenken, was für Konsequenzen da eintreten könnten!

# Vom Buddha lernen

*Herr Drewermann, Sie haben immer wieder eine Religion ge-*
*nannt, über die wir bis jetzt nicht ausführlich gesprochen haben,*
*nämlich den Buddhismus. Gerade zum Buddhismus fühlen sich*
*viele junge Menschen hingezogen. Was ist denn das Besondere*
*am Buddhismus im Vergleich zum Christentum? Was macht den*
*Buddhismus so attraktiv für junge Menschen?*

Romano Guardini hat geschrieben, dass er in der Religionsgeschichte neben die Person des Jesus von Nazareth nie-
manden rücken würde außer den Buddha. Das ist ohne Zweifel so, weil die Welt- und Menschenbetrachtung des Buddha
grundgütig ist – was selbst von Mohammed oder Jeremia oder
von irgendjemand anderem nur *cum grano salis* zu sagen ist.
Der Buddha vermochte die Menschen als Leidende zu sehen,
und er wollte, dass kein anderes Echo auf Menschenleid sei als
Mitleid. Schon das ist von einer unglaublichen humanen Evidenz und religiösen Transparenz.

Natürlich verlockt das viele, – mich selber zum Beispiel. Ich
bin auf den Buddha gestoßen mit 17 Jahren etwa, weil ich damals, das war 1956/57, entsetzlich gelitten habe an zwei Fragen:

Darf Deutschland wieder bewaffnet werden? Ein Dutzend
Jahre nach dem Desaster des Zweiten Weltkrieges stellte sich
für mich die Frage: Soll man wieder das Töten lernen mit Waffen, die noch viel schlimmer sind als alles, was man bis dahin

hatte? Und die katholische Kirche sagte: Kein Katholik darf den Wehrdienst verweigern und sich dabei auf sein Gewissen berufen. Und alle, Bischöfe, Moraltheologen, Ortsvikare, sprachen ganz genauso, ausnahmslos. Mein eigener Religionslehrer, der versuchte, ein bisschen Martin Niemöller in dieser Frage Recht zu geben, gegen den Papst, wurde ins Ordinariat nach Paderborn zitiert, wo man ihm das wieder auszureden suchte. Ich wusste damals, dass ich niemals lernen werde, niemals, auf Befehl Menschen zu töten. Aber ich hatte die ganze Kirche gegen mich. Ich hatte auch keine anderen Argumente, als diejenigen, die mir einfielen: Du sollst nicht töten. Nein, sagte die Kirche; „du sollst nicht töten" – das heißt, du sollst nicht ungerecht töten. Ich sagte, es steht da, du sollst nicht töten. Nein, sagten sie, im Krieg war es immer erlaubt zu töten, und nicht nur erlaubt, es war die Pflicht, sonst wäre ja nicht Krieg. Und du musst das auch lernen. – Ich sagte, Jesus wollte das nicht. – Nein, sagten sie, es ist völlig falsch: Jesus wollte das auch. Jesus will doch Gerechtigkeit. Ich fragte: Hat Jesus Kriege geführt? Nein, sagten sie, hat er nicht. Aber er würde Kriege geführt haben. Gerechtigkeit muss sein. Das ist der Wille Jesu. Johannes der Täufer hat doch auch nicht gesagt zu den Soldaten: Jetzt flieht aus der Armee. Er hat gesagt: Überfallt nicht Leute und plündert sie nicht aus, das hat er gesagt (Lk 3, 14). Er hat nie den Soldatenstand verboten.

Kurz, in diesem ganzen paranoiden Weltgebäude, das die Kirche mir als Siebzehnjährigem zumutete, kam dann noch das selbstverständliche Recht hinzu, Tiere zu töten, zu essen und es sich dabei wohl ergehen zu lassen. Ich sehe das noch heute vor mir: in der Vorweihnachtszeit, die Passage in dem kleinen Bergkamen, wo zum erstenmal, wirklich zum erstenmal, Hasen und Rebhühner aufgehängt waren, mit blutigen Köpfen, sehr appetitlich. Und ich dachte mir, das kann nicht sein, das will ich nicht. Und es gab wieder keinen Theologen, keinen Pastor, mit dem ich darüber hätte auch nur reden dürfen: Über den Wehrdienst, da konnte man immerhin diskutieren. Aber dies jetzt war einfach albern. Ich sehe meinen Kaplan noch vor mir sitzen, wie er einfach sagte: Schmeckt doch gut, Blutwurst, Mensch, Blutwurst! Er verstand das Problem überhaupt nicht. Gott hat uns das alles doch gegeben. Gott will doch die Tiere zu unserem Nutzen, die hat er doch geschaffen für uns. – Wieso will Gott, dass wir sie töten?, fragte ich. – Ja, das ist doch die Ordnung, jedes Tier tötet ein anderes. Das will Gott, das ist die Schöpfungsordnung.

Mit anderen Worten: Durch ein paar simple Fragen des Mitgefühls mit Menschen und Tieren war ich ein Revolutionär, im christlich-katholischen Abendland galt ich als aufrührerisch, als häretisch. Ich rührte an die Gottesordnung. Ich *wollte* ja glauben als Christ, aber in dieser seelisch tiefgehenden Verwirrung war es mir ein unglaublicher Trost, ja, lebenrettend, über den Buddha zu lesen. Es war die Erlaubnis, so denken zu dürfen, wie ich dachte und fühlte, und die Probleme überhaupt zu haben, die ich hatte. Da war plötzlich die Vision eines Kulturkreises, in dem ich vorkommen durfte. Denn die Kultur, in der ich vorkam, schaffte mich ab. So war das: Entweder-oder. Und das hat nie aufgehört. Ich war mit siebzehn Jahren Buddhist, ohne es zu wissen. Ich brauchte den Buddha, ich brauchte ihn mehr als Jesus in diesem Moment, denn den hatten sie so verleumdet, dass ich auf ihn gar nicht zurückgreifen durfte. Es war ja nicht mehr legitim zu sagen: „Jesus möchte das so." Ich brauchte den Buddha schon deswegen, weil sie mir Jesus ausreden wollten.

Heute weiß ich, dass die beiden, Jesus und Buddha, wunderbar zusammenpassen. Ich verstehe die Sehnsucht der Menschen, die den Buddha nach Alternativen fragen. Wenn man das Wasser im Rhein vergiftet, dann wird man es in der Elbe suchen, und wenn man es da verseucht, wird man es vermutlich suchen im Jenissej oder im Dnjepr. Irgendwo muss es doch fließen! Es war Mahatma Gandhi, der mir zum Troste sagen konnte: „Es hat ein Christentum im Abendland überhaupt nie gegeben, sonst wären von dort nicht immer wieder die schlimmsten Kriege ausgegangen." Recht hat er. Es hat ein Christentum nie gegeben! Es müsste überhaupt erst eingeführt werden von Leuten, die wir nicht als Christen bezeichnen, aber die es offenbar sind oder zumindest lehren können. Also her mit dem Buddha, her mit Mahatma Gandhi, dem Hindu! Das musste ich jetzt lernen, um Jesus zu verstehen. So wie die von der Kirche ihn mir beibringen wollten, hatte ich gar keine Chance, ihn zu verstehen. Heute weiß ich: Die Menschlichkeit Jesu begreife ich im Kommentar dieser asiatischen Religionen offensichtlich besser.

So wurde ich Buddhist, um, wenn Sie so wollen, Christus zu verstehen. Und ich bin sehr froh um diese Begegnung. Ich werde jene Synthese, mit der ich damals zu leben begonnen habe, nie wieder verlassen.